心領神會

儒釋道之子的信仰體驗

莊錦豪——著

時報出版

醫護和病家都宜有的宗教觀念

蔡克嵩教授
前台大醫院北護分院院長、現任遠東聯合診所所長

錦豪兄是位學者，也善於深入思考以解決遭遇的問題。他在三年半前退休之後，努力奮起，夙夜匪懈，把數十年來累積對醫療及行政的看法、心得匯集出書，公諸於世，已有多本著作附梓行世，並引起很好的迴響。此次以國人最普遍信奉的儒、釋、道宗教及其文化作爲探討背景和介紹對象，兼論中東與西方的一神教，並出書以饗讀者，本人忝爲錦豪兄的大學同學及四十五年同事，非常樂意爲他這本書寫序。

錦豪兄從事外科工作四十餘年，處理生死問題無數，近年又逢母喪，我能理解他一定思考過醫療行爲中包含的宗教因素及其意義。醫師們往往會自問生命的意義在哪裡？這包括自己的、病人的，當然也包括長輩的生命意義。本書深入淺出地介紹了一神教與多神教，包括許多國人信奉的儒釋道三教一體，並特別著重在儒學與佛教，提供讀者在面臨自己及親人生命終點時的可行方向，是一般大衆和爲人子女者都値得一讀的好書，

也很值得推薦給醫護人員。

由於醫學知識及醫療資訊普及，由雲端隨時可取得相關資料，病人及家屬及醫護人員往往是一起決定治療方向，並預知最後結果。在醫療過程中一起面對病人的人生終點時，醫護人員要讓病人安心、舒適、安慰和協助病人家屬面對衝擊，常須承擔猶如心理輔導師，甚至是禮儀師的角色。此時，宗教悲天憫人的情懷，以及對各個宗教的認識，自都成爲必備的素養。在這方面，本書恰能提供最好的參考資料。

本人於此謹向大家推薦本書。

心領神會儒釋道，樂天知命故不憂

一燈能除千年暗，一智能滅萬年愚
—《六祖壇經》懺悔第六

筆者從小拿香拜觀世音菩薩，也拜土地公、城隍爺及義民爺。在多神信仰環境中長大，冥冥之中似乎有神庇佑，一路順遂，也從不疑有他。直到大學面對一神信仰以及後來舍弟意外身故的雙重衝擊，並且得知兒時暱稱的「觀音娘」，其實是男身菩薩後，彷彿醍醐灌頂，正中信仰的核心問題─我們爲什麼會不明就裡地拜神？爲什麼要信那個神祇？個人有這疑惑，周遭的人，也不少有這方面的疑惑。筆者深究後，發現我們對傳統多神信仰的瞭解，非常膚淺。故斗膽野人獻曝，將各種問題依序分九個章節概略介紹。

信仰本來是個人的選擇，但是一神信仰的排他性，使這個問題變得很複雜。在儒家、道家及佛教薰陶下成長的我們，可謂儒釋道之子或女，可以從各種角度探討儒釋道最核心的「無常」、「無我」和「無明」。享譽世界的佛學家貢布里教授說得好：「我有太多無明煩惱需要去除，我需要佛陀的智慧。」我們除了佛陀，還有孔子、老子、莊子等傳給我們的智慧，讓我們可以更「無我」，並可以更從容地應對「無常」和「無明」引起的煩惱。

梁啓超說過佛教經典至少爲中國增加了三萬五千個詞彙。讀孔子、老子、莊子等先賢的著作，不僅量相對少，沒有文化隔閡，義理也清楚，讀者很容易抓住這幾位聖賢的旨意。但是，跳到佛經的世界裡，就像從充滿山水意境的小溪，一下子縱身到看似毫無邊際的大海，沒有被「經海」淹沒已經是萬幸！若能游刃有餘於其中，就非常難得了。

我們從《西遊記》開始，因爲這本遊記不只好看，更是佛理深入淺出的經典作品！爲孫悟空命名的祖師，是佛陀十大弟子中，解「空」第一的須菩提。而經常伴隨佛祖出現的大迦葉及阿儺（難），是佛陀入滅後，弟子第一次結集時，主持及誦出經藏，並從此才有文字記錄佛經的最重要推手，也是吳承恩設想玄奘西行求法，務必求得佛祖傳下來的第一手經書的精心安排！三藏的坐騎白馬，本是龍王之子，因不孝被貶，每日馱負聖僧及聖經。功成返回長安，如來加陞其職爲八部天龍。「天龍八部」源自於印度的神話，是天衆、龍衆等八種獸類，聽聞佛陀講經後轉化爲佛教的守護神。

「放下屠刀 立地成佛」是大家耳熟能詳的一句成語，源自於佛教經典。故事曲折離奇，男主角鴦掘摩羅在殺了九百九十九個人後，撞見佛陀，改邪歸正，後來證得「阿羅漢果」，並非「成佛」。「放下屠刀 立地成佛」乃爲了民衆好記，「阿羅漢果」也符合鴦掘摩羅證道的果位。

多數人是跟從師父念誦《佛說阿彌陀經》，並讓往生者反覆地聽「南無阿彌陀佛」這六個字開始認識佛教。兩者原本用來轉生西方極樂世界，也因為後者多數時候語音單調，又二十四小時不停地播放，令接觸者以為佛經多是那麼生冷，難以親近。其實最貼近佛陀教義的四阿含經，是相當平易近人的。除了經義可以更大衆化，佛教世界也比較欠缺音樂、美術包裝，也因此讓我們比較感受不到溫暖。

儒釋道之子是牧羊人，我們要馴服自己心裡的那一頭迷途的羔羊。基督教或天主教不允許信徒拜偶像，但是對於多神信仰的我們，拜偶像既是拜神像也是拜崇敬的對象，因為孔子、老子、莊子及釋迦牟尼，可以當神來膜拜，也可以當最佳的心靈導師來崇拜！

如果信仰的目標只為了死後可以升天，或到西方極樂世界去，則單純地跟隨師父、神父、牧師念經就好！如果有愛因斯坦生死觀的人，信仰也可有可無。多數人仍對生命現象充滿疑惑，這時就須要像六祖惠能辭別恩師五祖弘忍時所言：「迷時師度，悟了自度。」無論師度或自度，悟道首要不忘初心，學佛陀勤耕心田，並遵行孝道，注重倫理，不必臣服於感官的統治。

本書雖然是個人的信仰體驗，面對複雜的宗教問題，引經據典，不敢怠慢，在每一章的前面，列三百字以內的導讀，方便讀者索引，比較容易進入狀況。筆者是一名外科醫生，習慣以醫學或科學的觀點處理問題，論述若有偏頗之處，還請讀者雅涵。

感謝同學蔡克嵩教授，以醫學專業但是宗教信仰中立的立場，幫筆者看完全文，並以中肯文筆完成推薦序。信仰問題深入民間各行各業，筆者也感謝同學許權振以及好友吳文豪、林順良、戴明海等，一起和讀者分享他們閱讀後的心得。感謝內人佩文的批評及李麗華、葉秀敏字斟句酌地核對，也感謝時報文化出版企業股份有限公司林憶純主編率編輯團隊成員同心協力完成出書。

筆者認為「心領神會」是成語中最佛性或神性的一句話，表示心領悟後，〝神〞已經和悟道者會首了！希望大家讀了本書後，能「心領神會儒釋道，樂天知命故不憂。」當然，在多元環境生活下的我們，不墨守成規，不堅持自己的教義並排除異己，尊重彼此信仰的歧異，是保持家庭及社會和諧的不二法門。

莊錦豪

【目錄】

第一章

每日清晨一炷香，拜「她」多年不識「他」

筆者從小拿香拜觀世音菩薩，一開始誤認「他」爲觀音娘，其後對觀世音身世及名稱由來有一番認識、探討。觀世音爲外來神祇，在引進「他」之前，我們祖先拜什麼神？爲什麼需要拜這些神？我們還拜城隍爺及義民爺，他們是怎麼來的？對我個人及背景相同的人影響有多大？最後提到中小學沒宗教課，大學成了信仰的分水嶺，也引出一神信仰對學子的衝擊。

每日清晨一炷香，謝天謝地謝三光

「每日清晨一炷香，謝天謝地謝三光。但願處處田禾熟，又願人人壽命長。國有忠臣安社稷，家無逆子惱爺娘。萬方平靜干戈息，我縱貧窮也無妨。」此詩據稱源自北宋邵康節，蔣夢麟先生在《西潮》一書中也提過。此詩非常忠實地反映生長在農業社會的人，敬天畏神，祈望達成日子過得好的微薄心願，也因此非常受到國人的歡迎，不斷地有人修改，讓它唸起來更順口。上述版本據說是某老兵所寫的傳家寶訓，和邵康節原詩雖略有出入[1]，但抓得住原作的神韻，又好朗朗上口，筆者採用它，因為它實在貼切地反映我兒時的生活了。

筆者出生在韓戰爆發那一年，新竹鄉下的務農人家。從小生活在軍營旁，一天到晚聽「反攻、反攻、反攻大陸去」、「九條好漢在一班」、「家在山的那一邊」這類備戰軍歌。韓戰幾年後，又爆發八二三砲戰，隨時有打仗的準備。身為長子，每天起床洗臉後，就是拿香拜觀音、拜祖先和門神。神桌上觀音像左右兩側的對聯，其上（右）聯寫著「佛力永扶家安宅吉」，下（左）聯寫著「祖宗長佑子秀孫賢」，和邵康節詩中所訴求的，大同小異，莫不期望萬方平靜、家庭和樂，子女都有出息。

年輕時候，除了幫忙做家事，最重要的任務，就是讀書、考試，一路從小學考到大學。當時拿香拜拜，心裡所想的和家人所期望的，自然是考過一關又一關，希望關關都能逢凶化吉，考上第一志願。單拜家裡的觀音不保險，初一、十五還要拜伯公（土地公）。初中畢業時考高中，高中畢業了考大學，家裡和附近土地公祠等小廟裡的神明庇佑恐不夠力，家母特地虔誠地備妥牲禮到新竹竹蓮觀音寺，和城中心的都城隍廟拜拜並祈願。考上高中和大學後，又帶著筆者備妥牲禮去還願。

筆者考運還不壞，該上也上了，一路上好像有神明庇佑，也不曾懷疑祂們的神力。直到多年以後，我稟性善良的弟弟，雖然繼我之後，每天勤快地拜觀音、拜祖先和門神，家母也帶他拜遍大、小廟，讀書、考試，卻一路都碰到挫折。但是他從來不怨天尤人，向命運之神屈服，腳踏實地苦幹，仍然在三十而立之齡，英年早逝，才讓我驚覺信仰問題不單純，不再是燒香拜拜、有求必應這麼簡單。

回過頭來看邵康節的詩，仍然讓我們感慨傳統農家宗教信仰的單純，所求不多，其虔誠讓人悸動。不過，究竟哪些人得到神明的庇佑？哪些人得不到？是個人資質的問題？還是心誠則靈的問題？或是方法不對甚至於拜錯神？答案想當然爾不單純！

拜「她」卻一直沒有好好地認識「他」的觀世音菩薩

小時候鄉下人家，左鄰右舍都拜觀音，那時候還以爲觀音是唯一的神，土地公只是神界的巡佐。後來知道有媽祖、城隍爺，更後面才認識佛祖釋迦牟尼本尊，後者也常和鄉下人習慣稱呼佛祖的觀世音菩薩混淆。當然，一般人也弄不清楚兩者之間的關係。如果有心人要調查二次大戰後臺灣膜拜的神祇排行榜，觀世音菩薩一定掄元。

由於觀世音菩薩的畫像，千篇一律地著白衣，並以慈祥的仕女形象入畫，有時又和媽祖並列，我們一直以爲祂是慈母一般的女神，很自然地，從小就以「觀音娘」的稱謂稱呼祂。直到後來的研究，才知道祂是從印度傳入中國的男身菩薩。在宋代以後，混合道教「慈航眞人」或「白衣大士」的形像，在佛道一家親的狀態下，慈眉善目的觀世音菩薩，也自此以女身現世。

觀世音既然從印度來，就要考究其原義，若按照早期剛傳入時的梵語原名「Avalokitesvara」音譯「阿婆盧吉低舍婆羅」或「阿縛盧枳低濕伐邏」2，這菩薩大概很難在中國推廣，爲大家所接受。印度梵語「Avalokita」爲「觀」，「isvara」爲「自在」，故玄奘譯為「觀自在菩薩」，可說非常貼切。但是，南北朝姚秦時的鳩摩羅什法師譯為「觀世音菩薩」，則更棋高一著，原因有二：其一是觀世音之名，符合《妙法蓮華經．觀世音菩薩普門品第二十五，簡稱法華經普門品》所說的：「若有無量百千萬億眾生，受諸苦惱，聞是觀世音菩薩，一心稱名，觀世音菩薩即時觀其音聲，皆得解脫。」有如此菩薩，觀世人聲音，體察其苦惱，得以令其解脫，其親民形象，不言可喻。再其次，觀世音稱呼順口好記，俗世大眾都容易朗朗上口。

「觀世音菩薩」常簡稱「觀音菩薩」。傳說因為唐太宗李世民也信奉佛教，他的名字當中有個「世」字，過去以為為了避諱，唐代時將「觀世音菩薩」改稱「觀音菩薩」。後來考據指出在梵文古本中，就已經存在兩種不同的名稱，因此，觀音菩薩可能並非因為避諱而出現的稱謂。

除了釋迦牟尼佛本尊身世清楚，觀世音菩薩的起源，目前多不可考，這和我們熟知的其他菩薩，包括阿彌陀佛一樣撲朔迷離。《無量壽經》記載觀世音菩薩與大勢至菩薩同為西方極樂淨土中阿彌陀佛的左右協侍菩薩。但是，就像南懷瑾先生說的，這幾位菩薩都是釋迦牟尼佛介紹出來的，西方極樂世界有阿彌陀佛、觀世音菩薩與大勢至菩薩，也是釋迦牟尼佛說出來的。[3]這些菩薩豐富了佛教世界，但是神奇又神秘，彷如希臘神話中的神祇。姑且不論這樣比喻是否恰當，單就影響力而言，若將大乘佛教裡的釋迦牟尼佛視爲希臘神話中的天神宙斯，這些菩薩就彷佛圍繞宙斯身旁的諸神。宙斯不僅是衆神之王，並且和阿波羅、雅典娜、波塞頓等等知名神祇，共同統治古希臘的天人世界。希臘神話不僅是古希臘人的宗教，也介入古希臘人的生活，更豐富了全人類的文化和精神文明。以釋迦牟尼爲教主的佛教，其影響力當然更勝於希臘神話中的神祇。

《法華經普門品》提到觀世音菩薩有三十三種化身，可以因應衆生的需要而現身，例如陷入大火，稱觀世音菩薩名號，火不能燒；涉入大水，稱觀世音菩薩名號，即得淺處。除了火難、水難，其他如羅剎難、刀杖難、惡鬼難、枷鎖難、怨賊難，祇要稱觀世音菩薩名號，衆生苦難即可迎刃而解。當然祂還可以幫大衆離欲、離瞋、離癡。其大慈大悲、救苦救難，謀大衆無邊福德的形象，早已深植人心。星雲大師在《人海慈航：怎樣知道有觀世音菩薩》一書中，也舉很多例子，說明觀世音菩薩可以因應衆生的需要而出現。**4**

不過，筆者這一路走來，閱歷這麼多滄桑世事後，我們不禁要問，觀世音神像旁的對聯「佛力永扶家安宅吉」還經得起考驗嗎？在回答這問題之前，也許我們應該從人類信仰的初衷開始抽絲剝繭，看看能否獲得什麼蛛絲馬跡。

在觀世音菩薩普及民間前，我們的祖先拜什麼？

觀世音菩薩是從印度攀山越嶺，大約於西元前一世紀，也就是漢朝時代，隨著佛教傳入中國。其原先名稱就像前一節所述的音譯名字，不僅難記，一般民衆也不知所云。可見名字很重要，連神也不例外。經過玄奘及鳩摩羅什兩度改名，觀世音菩薩從此逐漸受到民間歡迎。

既是外來神祇，唐朝以後才逐漸走入民間，當然不是上古時期老祖宗膜拜的對象。事實上，具像神祇的出現，至今還不超過三千年。道教始祖老子，從未神格化自己，但是後來被道教奉爲「太上老君」，其生卒年大約在西元前六〇四—五三一年，可列爲最早的具像神祇。如果儒教創始者孔子，也列爲神祇，其生卒年大約在西元前五五一—四七六年，和佛陀幾乎是同一時代的人。佛祖釋迦牟尼生滅時間在西元前五六三—四八三年[5]；耶穌出生距今也才二〇一九年，而回教創始者穆罕默德最晚，其生卒年爲西元五七一—六三二年，至今還不超過一千五百年。

令人好奇的是，人類的歷史也不算短，如果從舊石器時代算起來，至今也將近二百五十萬年；如果從人類進入農業時代開始，也距今有一萬到一萬兩千年。早期的人類，一樣地敬天畏神，但是其天神是高高在上，沒有具體封爲神祇的人。

中國最早祭天的記錄，在商朝，也就是大約西元前一六七五－一〇二九年。祭天大典爲古代帝王舉行的最爲隆重的祭祀活動，也是皇帝獨享的特權。天子才能祭天，也把天子抬舉爲上天的代言人。《公羊傳．僖公三十一年》載：「魯郊何以非禮？天子祭天，諸侯祭土。」其中「郊」指的就是祭天，因爲都在郊外舉行。根據唐代張居詠所作《郊祀議》曰：「孔子云『郊祀后稷以配天，宗祀文王於明堂以配上帝。』此萬世不易之法也。」《禮記》是孔子和他的學生作的禮儀記錄，它很詳細地記載當時人們對天地山川鬼神的對待方法。在禮運篇寫到「故聖人參於天地，並於鬼神，以治政也。」又說「故聖人作，則必以天地爲本，以陰陽爲端，以四時爲柄。」

所有這些記錄的「天」，自然地，就是主宰人們所處世界運作的天神，古人稱呼「昊天上帝」，後來變成民間的「玉皇大帝」。既然天神搞定了，其他依序要祭祀的，多禮的孔老夫子，也一樣不會少，所以要「祀社於國，所以列地利也，祖廟、所以本仁也，山川、所以儐鬼神也，五祀、所以本事也。」其中，「儐」是接待的意思，這裡指的當然是好好奉祀掌管山川的鬼神；五祀，是古代祭俗中所祭的五種神祇，具體神祇各文獻記載不一，可能包括戶神、灶神、土神、門神、行神。本事，大概指的是家家戶戶都要做的事。

如此看來，衣食住行所牽涉到的保護神，孔子都已經設想到了。更神奇的是，很多祭祀的細節都幫大家想好了，《禮記》中也都有詳列。後來的皇帝，成爲上天的代言人，不用大費周章，只要依至聖先師訂定的禮節參拜就好。說實在地，要不愛死孔子，恐怕很難。

爲什麼需要神？神從哪裡來？

謙遜是中國人的美德。才高八斗的老子、莊子、孔子、孟子，其卓絕的思想及對天人的看法，足以「神」霸一方，但是他們仍舊甘於成爲超凡入聖的人。孔夫子曾說：「知之爲知之，不知爲不知，是知也。」這句話概括我們尊敬的先聖先賢理智的思考，沒有畫出死後無法洞悉的世界的美景，自然地沒有神格化或被神格化。孔子還把天子抬舉爲上天的代言人，寧退居幕後，可見一斑。

除了道教鼻祖老子和莊子，可以看透天理，不時興拜天地、祭鬼神。貴爲至聖先師的孔子也要拜神，而且禮數周到，那麼，我們不禁要問神從哪裡來？歷史學家都可以說出一番道理。德國哲學家及文史學家史賓格勒提到：「人以其自己的意象，創造上帝。」6馬丁．卡巴洛斯說：「貪生怕死的人類，爲了存活而創造神明。祂的其中一項功能─亦爲最重要的─就是確保農產的收成，若這點行不通，祂至少在最糟糕的情況下，能夠賜給他們食物。」他繼續提到，至少在基督教「對於那些違背上帝旨意的人，饑餓是一種公平的懲罰。」7

的確，在農業時代才出現的神祇，搞定人們的肚子，應該是第一要務。舊約聖經記載，神向摩西顯靈，要他帶領猶太人脫離埃及統治者的壓迫，前往「流奶與蜜之地」《出埃及記3：16－17》。流奶與蜜之地，當然就沒有餓肚子的困擾。中國古代帝王祭天大典，依循時令，一年舉行四次：分爲「祈穀」、「雩」、「明堂報享」、「南郊」四種。[8]全部和農作物收成有關係，「祈穀」就是祈禱穀物種下去，順利生長；「雩」爲求雨而舉行的一種祭祀；「明堂報享」則在建築物內祭天，筆者認爲這是秋收後犒賞自己的祭典，應該是我們小時候秋天「平安戲」的來源；「南郊」則是冬至日舉行的郊外祭天大典，最受重視，因爲過了冬至，白晝變長，陽氣漸張，象徵萬物滋生。

《漢書．卷四三．酈食其傳》記載「王者以民爲天，而民以食爲天。」《東周列國志．第八一回》：「臣聞『國以民爲本，民以食爲天。』今歲年穀歉收，粟米將貴，君可請貸於吳，以救民飢。」[9]由此可見塡飽肚子的重要。

光餓不死還不夠，孔子說過，孝順父母，就要「生事之以禮；死葬之以禮，祭之以禮。」針對每一項禮數，禮貌周到的孔子，多不免要祭祀，也多有對應的神鬼，眞的是禮多神鬼不怪！多神的信仰，自老祖宗開始，不僅表現在孝順父母上，也廣泛地影響華人數千年來的生活。

（圖1.1）筆者於2019年4月22日和友人到湖南張家界旅遊，見識土家族的「泛靈信仰」也融合佛教。在土司城住家的房屋頂上，除了雕刻的龍，還有亭子裡的彌勒佛塑像保護族人富貴平安。

台灣原住民和中國少數民族如苗族、土家族的信仰多屬於「泛靈信仰」，相信天地萬物、自然界現象、逝去的祖先等皆有其靈。因此，早期的台灣原住民諸族祭拜山神、海神、河神、太陽神、樹神、小米神等等。包括阿美族的「豐年祭」、賽夏族的「矮靈祭」以及各個部落的祭儀，多與農業生計及狩獵等順利有關**10**，也和中原來的漢族多神信仰，有諸多相似之處。在二〇一九年四月二十二日，筆者和友人到湖南張家界旅遊，見識土家族的「泛靈信仰」也融合佛教。在土司城住家的房屋頂上，除了雕刻的龍，還有亭子裡的彌勒佛塑像保護族人富貴平安（圖1.1）。

蘇軾有一首大家耳熟能詳的詩：「寧可食無肉，不可居無竹。無肉令人瘦，無竹令人俗。人瘦尚可肥，士俗不可醫。」此詩語意清楚，充分表達讀書人尚雅之風。儘管無竹令人俗，竹筍也可食，但是從筆者小時候接觸的觀音娘、土地公、城隍爺及義民爺，就不難窺見我們市井小民的生活不僅離不開神，更離不開祭祀神的牲禮，而祭祀神過後的豬肉或雞鴨魚肉，是我們小時候最重要的動物蛋白來源！相對於蘇軾的高雅，升斗小民才不管俗氣不俗氣，那絕對是小事，「無肉令人瘦」才是大事。

由於世事無常，變數太多，許多人的生活也到了「無神令人渾」的地步。很多難以解決的事，就訴諸神明，若神明同意，不管後果如何，都視為神的旨意，就歡歡喜喜或默默無語地接受了。最怕的是，摸不清神的旨意，或神明不同意，會令一般人寢食難安。

從城隍爺到義民爺，神明爺知多少？

小時候跟隨大人到新竹都城隍廟拜拜，還眞的不敢直視城隍爺和旁邊的文武判官及將軍，這些面目漆黑又莊嚴肅穆的神祇，包括黑白無常及七爺八爺，他們斗大又突出的凶狠眼光，好像一眼就要看穿我們，不免令人心虛。後來才知道城隍爺的身世，是從城隍是兩個字的結合得來：「城」就是城牆而「隍」是護城河，演變成爲民間信仰中的城池的守護神，也掌管陰間司法體系。11既然是地方的守護神，過去新上任的地方官員，一定先到城隍廟向城隍爺祭拜，請求城隍爺協助，保庇其領地四季平安，可見城隍爺的地位極爲重要且崇高。

如果早先就瞭解民間信仰中的城隍爺是由死去的名人、對民衆有功勞的人，或公正無私的清廉官吏擔任，就不會被他們嚴肅的神像嚇倒。最有名的城隍爺，當屬於很多地方都出現的關公與張飛，以及北京與杭州民衆都奉祀的文天祥。不過，北京的城隍爺，也有說奉祀的是楊椒山。本名楊繼盛，號椒山的明代官員，雖然來歷沒有文天祥顯赫，不過，也當過明代刑部員外郎的官，因敢於彈劾權臣嚴嵩而被賜死。生前不得志，被壞人陷害，死後到陰曹地府當官，可以管一管陽間的惡棍，報一箭之仇，也是大快人心的事。

城隍祭祀據稱可追溯到周朝，在《禮記》一書中「郊特牲」那一章提到：「天子大蠟八。……祭坊與水庸，事也。」天子大蠟八，指的是除夕前，天子要祭祀的對象，包括掌管堤防及蓄水的溝（即坊與水庸）的神。經過漢朝城隍祭祀活動的不斷提升，民間也樂於尊封已死的功臣或英雄豪傑爲城隍爺。到魏晉南北朝（西元二二〇－五八九年）時，據說北齊大將慕容儼，就曾於郢城拜過城隍廟而戰勝了南梁敵軍。唐代佛教大盛，但是城隍信仰一樣盛行，各地不僅廣建寺廟，並已出現祈雨、招福、避災禍的祭城隍文。明太祖朱元璋更冊封京師、府、州、縣四級城隍，各級城隍神都有不同爵位和服飾，各地最高官員需定期主祭。城隍爺的身份地位，臻於至善。

回頭看新竹都城隍廟，清高宗乾隆十三年（西元一七四八年）就建成，初期爲縣級城隍，一八九一年清朝官方升格新竹都城隍廟爲省級，總轄臺灣，威震一時。[11]即使到現在，地位雖然沒有那麼顯赫，其周遭商家美食，仍然是新竹市的特色景點。非常有意思的是，筆者於二〇一八年九月十日到雲南大理市旅遊，該市是以白族爲主體的少數民族聚居區，全市人口中白族占百分之六十五。不僅在大馬路邊可以看到城隍廟，在明洪武十五年（西元一三八二年）建的大理古城內，也有古色古香的大理城隍城（圖1.2）。由此可見城隍爺的信仰深植民心，幾乎是無遠弗屆。

筆者小時候另一位難忘的神明爺，就是義民爺。義民爺的由來，可以分成兩段：首先是清康熙六十年（西元一七二一年）的朱一貴事件，新竹一帶的客家人對抗盜匪，死後屍骨被地方人士合葬，成為「義民塚」；到了乾隆五十一年（西元一七八六年），發生林爽文事件，新埔一帶的客家人再組義勇軍，保鄉衛民；事後，鄉民撿集新竹死難者的骨骸共二百多具，合葬於新竹縣新埔鎮枋寮地區，於乾隆五十三年（西元一七八八年）建廟，名「褒忠亭」。此後有了義民節普渡，並成為桃、竹、苗客家人最高的精神信仰中心。最初僅有四大聯庄祭祀，筆者小時候有十四聯庄輪值，近年又擴大為十五聯庄參與。12、13

每年農曆七月二十日的「義民節」，絕對是鄉民的大事。輪值的聯庄人家，至少一年前就要開始養神豬，給它們好吃的東西吃，熱了還要灑水，有電風扇時，給神豬吹電風扇，一路小心侍候到「義民節」這一天宰殺為止，為的就是「神豬大賽」奪大獎，對鄉民是無比光榮的大事，對尊敬的義民，也盡一份虔誠的心意。筆者小時候沒多少娛樂，肉類食品更少接觸。「義民節」普渡，不僅主壇及各祭壇裝飾華麗，入夜燈火通明，熱鬧非凡，神豬裝扮也一樣有看頭。全豬留鬃毛及尾毛，寓意完整無缺，也很特別。普渡後宰殺的神豬，以及其他祭品，更是筆者進補的大好時機。雖然十四年才一次輪到自己村莊，近水樓台方便參加；不過，輪到附近村莊的機會很多，一旦做莊，幾乎多有親朋好友參與，我們也像趕集一般去湊熱鬧，末了分一塊豬肉回來，大快朵頤幾天。

（圖 1.2）筆者於 2018 年 9 月 10 日到雲南大理市旅遊，在大理古城內，見到古色古香的大理城隍城。

這種分肉塊的舉動，非台灣客家人祭祀義民爺所獨有，根據李豐楙二〇一八年的著作，探討馬來西亞華人社會的節俗、信仰，特別提到中元節等重要祭典，也會將全豬分割爲肉塊、肉條，分送親友煮食，稱之「分福」。14

無論城隍爺或義民爺，其爲神明的事跡，足堪庶民崇敬、禮拜。《論語・學而》提到「愼終追遠，民德歸厚矣。」市井小民愼終追遠，禮敬仁人志士，形成至今仍一脈相承的民俗信仰。

中小學沒有宗教課，大學成了信仰的分水嶺

如果信仰是身教養成的，則無論東方或西方國家，一脈相承的宗教或民俗信仰活動，成了社會穩定的基石，也是不會因科技快速進展而劇變的人類活動。但是，大家都心知肚明，無論是像我們從小拿香拜拜的鄉下小伙子，還是假日坐在教堂裡聽牧師或神父講道的西方國家小孩，絕大多數都心不在焉，虛應一應故事。長輩只教我們跟著拜，之前的中小學也沒有宗教課程。即使有，多少老師能深入講解宗教或民俗信仰，也不無疑問。

年輕時候，一般人少有挫折，多一路往前衝，宗教信仰極少成爲切身的問題。一旦上了大學，面對未來，前途茫茫，不是靠讀書、考試就可以解決，多數人就不免徬徨。務實一點的人，積極爲前途鋪路，無暇去想宗教信仰這般難解的謎題。但還是有不少人，停下腳步，思索人到底何去何從？有的人墜入哲學的領域，從尼采、叔本華等偉大哲學家的角度，重新詮釋世界。有的接觸佛學社或晨曦學社，甚至於投入佛門，成爲傑出的佛學宗師。當然，有的踏入基督教的世界，甚至於受洗成爲虔誠的基督徒。大學成了信仰的分水嶺，還意外地造成同學間的衝突，這大概是很多當初進入大學的新鮮人始料所

未及。

筆者大四時，某一星期天的上午，一位學長的父親，遠從南部來看他兒子。這兒子做禮拜去，事先交代爸爸在學生宿舍等他，一等超過中午，仍不見兒子蹤影。一眼就看出樸實無華的鄉下老人家，耐不住肚子餓，開始抱怨兒子信了耶穌基督以後，不祭祖，對傳統禮俗不搭理，也不常回家看他，越講越難過，哭了起來。我的一位急公好義的同班同學，也是這位基督徒的室友，其思維相當保守傳統，請這位老人家吃飯，聽他訴苦，對他的遭遇越聽越光火。等這位基督徒室友姍姍來遲地回來，二話不說就揍過去，幸好旁邊有同學勸架，只見大聲叫罵一陣子，沒有打成大禍。

事後回想，這位做禮拜的學長，也許有事耽誤，並非有意怠慢。但這事仍不免在同學間傳開來，爭論的焦點在父親重要？還是耶穌基督重要？因爲《聖經・馬太福音10：35-37》有這樣一段話：「因爲我來是叫人與父親生疏，女兒與母親生疏，媳婦與婆婆生疏；人的仇敵就是自己家裡的人；愛父母過於愛我的，不配作我的門徒；愛兒女過於愛我的，不配作我的門徒。」四十五年前的台灣，民風仍保守，這樣的教義，相當嚇人，也許那位父親無由、也無從了解，一般基督徒也不會照章行事。但是對於思想保守的一般民眾，其衝擊力道之大，超乎想像！當時眼見從南部搭好幾個小時火車才能到台北的鄉下老人家，只為看一下兒子，卻發生這樣的衝突，令人至今難以忘懷。

接受傳統教育，子女要克盡孝道的一般人，面對唯祂獨尊的教主，又背離我們傳統的教義，眞的不容易克服心理障礙，去接受這樣的說法。後面章節會陸續提到一些教條，像無形的樊籬或高牆，隔開人群。雖然絕大多數基督徒固守家庭倫理，也孝順父母，但是不拿香拜祖先，也不拜觀世音菩薩和媽祖等神明，和傳統、保守的社會就難免格格不入。

當然，還是有很多人甘之如飴，部分原因乃天主提供信徒保護傘，就某一方面說來，的確是明確又周到的，主內弟兄或姐妹的互助合作，很容易牢牢地黏住出門在外，又乏人可依靠的年輕人。宗教信仰成為志同道合者，重要的融合因子；卻也成為道不同不相為謀的人，潛在排斥的元素。宗教力量的可怕，由此可見！

《禮記．大學篇》指出「大學之道，在明明德，在親民，在止於至善。」意指大學之道，在造廣大無垠的學問，探究人們光明的本性，並且將它發揚光大，讓人民樂於親近，進而達到至善的境界。現在大學成了信仰的分水嶺，族群分離的場所，脫離《大學》之旨意。身為儒釋道之子，一直無法釋懷，經過多年努力追尋，如今終於稍微瞭解個中緣由後，願意盡個人棉薄之力，化解部分宗教謎題。至少從儒釋道的觀點，嘗試融合天人間的隙縫，讓我們體認的宗教更有溫度，一般人也更樂於親近。尤其在宗教意識日趨淡薄的現代，明智者不在乎別人的信仰，也不談它，就某一方面來說，也許是好事；但是，一些宗教狂熱現象及活動，仍不停地衝擊大衆。無所適從的民衆，仍然不少。本書盼有拋磚引玉的作用，可以讓有這方面需求者，藉此找到自己的方向。

第一章參考文獻：

1. 邵康節：「每日清晨一炷香 謝天謝地謝三光」，來源：國學知識，二〇一七年一月十七日。原文網址 https：//read01.com/6a4kPG.html。
2. 《觀世音菩薩》，參考維基百科，頁面最後修訂於二〇一八年六月二十九日，16：05。
3. 《金剛經說什麼?》，南懷瑾先生講述，老古文化事業股份有限公司出版，民國八十一年八月臺灣初版；一〇六年三月，臺灣二版38刷。
4. 《人海慈航：怎樣知道有觀世音菩薩》，星雲大師著，有鹿文化事業有限公司出版，香海文化事業出版有限公司特許發行，二〇一一年六月初版。
5. 《從異教徒到基督徒》林語堂著，謝綺霞譯，德華出版社出版，民國七十年七月初版。
6. 《西方的沒落》（The Decline of the West），史賓格勒著，陳曉林譯，華新出版有限公司印行，民國六十四年十月三十日再版。

7. 《飢餓：從孟買到芝加哥，全球糧食體系崩壞的現場紀實》（El Hambre），馬丁・卡巴洛斯（Martín Caparrós）著，沈倩宇譯時報文化出版企業股份有限公司，二〇一五年十一月六日，初版1刷。

8. 祭天簡介—玉山寶光聖堂，原文網址 https：//holyglorytemple.org/page-/。

9. 民以食爲天—教育百科—教育雲，原文網址 https：//pedia.cloud.edu.tw/Entry/Detail/?title=民以食爲天。

10. 祭典儀式—臺灣原住民族資訊資源網—認識原住民族—族群介紹，原文網址 https：//www.tipp.org.tw/aborigines_info.asp?A_ID=1&AC_No=。

11. 《城隍》，參考維基百科，頁面最後修訂於二〇一八年七月二十八日，05：48。

12. 義民節由來—民間習俗，原文網址 https：//www.sim.org.tw/festival67.htm。

13. 義民爺—新北市客家民俗信仰館，原文網址 https：//www.hakka-beliefs.ntpc.gov.tw/files/15-1001-1565,c209-2.php?Lang=zh-tw。

14. 李豐楙著《從聖教到道教—馬華社會的節俗、信仰與文化》，國立臺灣大學出版中心出版，二〇一八年五月初版。

第二章

多神還是一神？儒釋道之子的困惑與抉擇

前一章提到一神信仰對學子的衝擊，本章從宗教的定義和儒釋道的定位開始，深入討論一神與多神信仰的迷思：多一神是多此一舉？或多一重保障？還是多一層煩惱？隨後再談儒釋道之子的多元信仰與活動，比較一神與多神信仰的歧異，也點出儒釋道之子的困惑與抉擇。

我們不必諱言自己是不是佛教徒，除非皈依基督徒、穆斯林等一神教，我們血液裡面，早已注入儒釋道三教的元素！

宗教的定義和儒釋道的定位

宗教是人類打算和未知世界聯繫所產生的獨特見解，獲得信眾擁護，並且以特定儀式推廣的一種文化活動。一般認定構成宗教的四項元素包括：教主、教義、儀式、以及教團。佛教很明確地四項兼具，當然是公認的宗教。很有意思的是，佛教本來的英文字是 Buddhasasana，直譯就是 the teaching of the Buddha，明眼人立即知道這意思是佛陀的教誨。所以，在鄭振煌居士的著作裡，引述淨空法師的說法：「佛教不是宗教，佛教是一種教育。」[1] 佛陀教我們什麼？當然是達成覺悟的智慧。話說起來很簡單，做起來卻須要一輩子的身體力行。

既然佛教也是一種教育，至聖先師孔子開創的儒家思想，也是教育，歷兩千五百年而不衰，成為歷代皇帝最尊崇的聖人，其教主地位不容置疑。《論語》《禮記》等著作就是教義。儒教擁有悠久的教育傳承，儒家弟子構成的教團，一代傳一代，不曾間斷。一般人唯一比較不熟悉的是儀式。務實的孔子，教導我們做人的道理，對未知的世界，就交給天、地、神鬼處理。處理方式，當然不能隨便，而是利用祭天、祀社、儐鬼神及五祀等等不同方式，由不同身份層級的人擔任主祭。孔子根據周朝原有的祭典儀式，給予制度化地整理，形成我們熟知的《禮記》。

孔子的儒教已經像佛教一樣，具備形成宗教的四項元素。但是絕少有人把孔子當作神膜拜，這要怪孔子自己，口口聲聲地講：「未能事人，焉能事鬼？」「未知生，焉知死？」，論語也提到：「子不語怪力亂神。」孔子和他的弟子，從來沒有將孔子神格化，因為他太理性，或者他缺乏神的慧眼，無法描述天國或西方極樂世界，讓信徒充滿遐思和希望，甘願臣服在祂的腳下。

老子和莊子，大概是古今中外最奇特的兩個人。無論是《道德經》，還是《莊子》，都教人崇尚自然法則，討厭制式化的儀式。所以老子暢談「人法地，地法天，天法道，道法自然。」莊周夢蝶，更把自己融入自然界的生物，連老婆死了，還鼓盆而歌。他最好的朋友惠子去弔喪，深感不以為然，他卻說老婆「本無氣。雜乎芒芴之間，變而有氣，氣變而有形，形變而有生」句中「芒芴」同「恍惚」，形容不可辨認、不可捉摸。既然老婆從不可辨認、不可捉摸的地方來到這世界出生，如今「又變而之死」，當然是回歸自然去了，「是相與為春秋冬夏四時行也。」意思是又隨自然界春夏秋冬四季運行了。

如此兩個閒雲野鶴一般的「仙」人，很意外地，一個被道教奉為「太上老君」；《莊子》這本書被唐明皇敕封爲《南華經》，而莊子本人也被尊封爲「南華眞人」。[2]後世成爲道教的祖師爺，絕對超出他們兩者生前的規劃。既然不巧地成爲道教的教主，後續道教的發展，也不用偏勞他們傷腦筋了。

多一神是多此一舉嗎？

在華人社會，受過傳統教育者，沒有不接觸過儒釋道的教義。知名文學家林語堂博士，在《從異教徒到基督徒》一書中提到：「中國宗教是不排除異己的，這和基督教不同。大多數中國人如果有人問他屬於什麼宗教，他將會迷惑而不知所答。沒有教區，也沒有教徒名冊，……沒有一個家庭是純粹地佛教的，道教的，或儒教的。」[3]林語堂自己從不否認他對儒教及老莊思想的留戀，但是受到祖母是基督徒，父親是牧師的雙重影響，最終從異教徒變成基督徒，信奉單一神祇。

內政部宗教輔導科曾在二〇〇五年進行調查，台灣有百分之三十五的人口自認是佛教徒，百分之三十三自認爲是道教徒，但是佛、道兩宗教的信教人數，重疊性很高。若將混合儒、釋、道，難以歸類的「民間信仰」視爲一種宗教，那麼根據美國皮尤研究中心《宗教與公衆生活計畫報告》統計顯示，台灣民間信仰比例約達百分之四十五，佛教則以百分之二十一的比例居次，基督教約百分之五。[4]

有趣的是，根據李豐楙二〇一八年的著作，馬來西亞華人高達百分之八十八信奉佛、道及傳統信仰，而參與傳統節日活動的也高達百分之八十五。因受到臺灣佛光、慈濟及法鼓等漢傳佛教的影響，儒釋道信仰的比例，有相當的變動，佛教比例逐漸上升到百分之六十八，而儒、道及無法歸類的傳統信仰，合起來佔二成。[5]無論如何，多數華人仍熱衷參加傳統節慶活動，其內涵也多融合儒釋道，在後面章節會提到。

多一神是多此一舉嗎？哈拉瑞在《人類大歷史：從野獸到扮演上帝》一書中提到：「眞正讓多神教與一神教不同的觀點，在於多神論認爲：主宰世界的最高權力不帶有任何私心或偏見。」他還進一步說：「從多神教的概念往外推導，結果就是影響深遠的宗教寬容。一方面，多神教徒相信有一個至高無上、完全無私的神靈；但另一方面，多神教徒也相信有許多各有領域、心有偏見的神靈。……多神教本質上就是心胸開放、包容異己，很少迫害異教徒。」[6]身爲一位猶太人，哈拉瑞的觀點無疑地是跳脫其傳統一神的範疇，所做的表態。

當然他也提到：「經過一神教（monotheism）爲時兩千多年的洗腦，讓大多數西方人都認爲，多神教（polytheism）就是無知幼稚的偶像崇拜。但這是不公平的刻板印象。」這也呼應出生在羅馬尼亞，任教於美國芝加哥大學的歷史學家伊利亞德（Mircea Eliade）所說的：「對神話、秘思性思想、原始意象的正確分析，尤其是浮現在東方及原始文化的宗教創造，是開啓西方人心靈，導引至新的、全球性人文主義的唯一方法。」[7]後者對東方及原始宗教的創造性及多元性，顯然相當地著迷。

一神教上千年洗禮的結果，很容易讓人聯想到上帝的選民。《舊約聖經》提到希伯來人是神選的子民，在救世主彌賽亞降臨後，拯救以色列人。除了猶太人，後來包括基督徒、穆斯林等一神教的信徒，也聲稱自己接受了神的啓示，認爲自己是上帝的選民。一神教的教主，自然地成了上帝或上天唯一的代言人。就如哈拉瑞所說的：「穆罕默德宗教生涯的第一步，就是譴責他的阿拉伯同胞，說他們對於眞正神聖的眞理一無所知。但很快的，穆罕默德就宣稱只有自己知道全部的眞相，而信衆也開始稱呼他爲『先知的封印』（意爲最後一位先知）。於是，所有的啓示當然也就是到了穆罕默德爲止，再也沒什麼重要的了。」[6]

這足以說明一神教典型的獨占性，不容許挑戰先知，對教義也沒有討論的餘地。連星雲大師也說：「我們有看過世界上有人敢對耶穌教的《聖經》，回教的《可蘭經》做這樣比較、研究的嗎?……佛教講究信仰、悟道，不是研究、比較，一個宗教一切依據聖言量而不容許有許多的異說。」[8]

多神信仰的包容性，毋庸置疑，至少要容納兩個以上神祇，同時出現在一個地方，參加同一信仰活動，就必須互相尊重，不能比誰大誰小！但是，不同宗教雖然難以研究、比較，多神或一神信仰的問題，還是有進一步討論的空間。

多一神是多一重保障？還是多一層煩惱？

解開上述問題前，必須從聖經記述其教徒無可避免地專一性，進一步深入瞭解。《聖經・出埃及記20：3-5》點明基督徒只能奉祀耶和華，「除了我以外，你不可有別的神。」「不可為自己雕刻偶像，也不可做甚麼形像彷彿上天、下地，和地底下、水中的百物。」「不可跪拜那些像，也不可事奉他，因為我耶和華─你的神是忌邪的神。」《聖經・約翰福音3：16-18》記載：「神愛世人，甚至將他的獨生子賜給他們，叫一切信他的，不致滅亡，反得永生。」、「信他的人，不被定罪；不信的人，罪已經定了，因為他不信神獨生子的名。」

簡單明瞭，愛憎分明，沒有模糊空間，這是猶太教、基督教、伊斯蘭教等一神信仰的特點。我相信有的基督教徒對這樣的說法，無法完全苟同，但教義不容更改，只能默默地承受。哈拉瑞在其近作《21世紀的21堂課》中，提出批評說：「一神論者相信只有自己的神是唯一的眞神，也相信這個神要求所有人都要服從祂，因此，隨著基督宗教和伊斯蘭教傳播到世界各地，各種宗教戰爭、聖戰、宗教裁判和宗教歧視的發生率，也節節上升。」[9]

當然，戰爭也會發生在多神或佛教國家，最著名的，莫過於一七六七年緬甸國王辛標信率軍攻下暹羅首都，燒殺擄掠後，返回仰光，將奪取的黃金，建成緬甸最神聖的建築物：大金寺。[9]總體說來，因宗教引起的戰爭，在多神或佛教國家，比例算起來比較低。

對於虔誠的一神論教徒，不用費心去解未知世界的謎題，有神可以託付終身，所以，至今仍受到很多人的歡迎與膜拜。神愛世人，當然只限於信祂的人；不信的人，罪已經定了，所以有的基督徒熱心拯救異教徒，希望幫異教徒贖罪，能夠在一起有福同享。

基督教一開始只是猶太教的一支教派，但是有一個成功的領導者保羅，他認爲宇宙的至高神關心人類，化爲肉身，爲了拯救人類被釘死在十字架上。保羅的想法、做法不僅造就第一個成功的一神教—基督教，並且成了七世紀阿拉伯半島另一個一神教的典範，伊斯蘭教也就這樣誕生了。[6]

其實，佛教本身也有多神還是一神的爭議！宣化上人在講述「大方廣佛華嚴經淺釋」時，提到：「小乘的教理中，他們認爲只有釋迦牟尼佛一位佛，不承認另有其他的佛。小乘法，就是釋迦牟尼佛最初在鹿野苑爲五比丘說的法，所以這些小乘人只知道有釋迦牟尼佛，不知道其他世界上也都有無量諸佛。」[10]就像南懷瑾先生說的，這些佛或菩薩都是釋迦牟尼佛介紹出來的[11]，讓大乘佛教的世界，更加豐富。但是，就像後面章節提到的，一般人若無法深入瞭解個中三昧，恐怕落得多一層煩惱！

多一神是多一重保障？還是增添一層煩惱？答案顯然不單純，在神聖的上蒼和凡人之間，距離仍然遙遠，容得下各種可能！

儒釋道之子的多元信仰與活動

在南懷瑾所著《中國道教發展史略》一書裡，開宗明義就提到：「清儒紀曉嵐謂道家為『綜羅百代，博大精微』。雖然南懷瑾認為他「所言曰道家，實無涉於道教。」12

儘管一般人如筆者無法區分道家與道教，「博大精微」的道家仍然讓我們充滿好奇。其實，讓我們目眩神迷的何止是道教及道家思想！儒教及東漢以後傳入中國的佛教，其深奧的思想和教理，一樣地讓我們相形之下，益見自己的渺小！

在伊利亞德的書裡面，提到奧圖（Rudolf Otto，西元一八六九－一九三七年）在一九一七年出版的《論神聖》，他發現人在面對神聖、令人敬畏的奧秘時，會有一種驚駭感、威嚴感，這種宗教畏懼感導致「神聖經驗」（numinous）的產生，讓信徒呈現自己就像個「全然他者」（whole other），是根本而完全不同的另一個。這也使人感到自己一無是處、微不足道，就像塵埃灰土。7

奧圖的描述，不僅非常地生動、貼切，也讓我們立即聯想到某些神職人員的作為，特別是我們熟悉的乩童。乩童是靈媒的一種，在小時候的鄉下，非常流行。起因多半陽世家屬，不忍心死者沒有交代好事情就走了，或者走了的時候，口袋空空、兩袖清風，恐怕在陰曹地府會受苦。藉由鬼神附身到人的身上，和亡者溝通，希望能套出遺言，或者知道他在陰間的狀況。這種「起乩」後的動作表現，就如同奧圖所言，讓乩童呈現自己就像個「全然他者」，是根本而完全不同的另一個。無論他說什麼，家屬多半接受，至少達成宣慰陽世未亡人的作用！

這種類似巫術的民間信仰，雖然無法全然歸類爲道教儀式，當然也不是儒教或佛教儀式，但是它的適時使用，搭起陰陽兩界溝通的橋樑，也不無正面的效益，這正是人在面對神聖、令人敬畏的奧秘，所產生的反應，也是多神信仰包容性的展示。不幸地，也有人藉助神明附身驅魔鎮煞，甚至於趁機斂財的事，就喪失純樸民風的信仰初衷。

多神信仰的包容性，不僅見於寺廟，可以同時供奉釋迦牟尼佛、媽祖，甚至於濟公、關公、哪吒太子等，也常見於節慶活動。以中元節爲例，在慶典上，祭場棚外的兩邊對聯，常以「慶贊中元」對上「盂蘭勝會」四字，表明佛、道並存的複合意義。「複合」已經成爲華人的一種文化認同[5]，在儒釋道水乳交融的華人社會，尤具意義。

在農曆七月整個月內，隨時可以看到各地公司行號及住家普渡，連救人性命爲主的醫療院所也不例外。以筆者居住的大樓爲例，每年在農曆七月的一個星期日中午，主委會率領志願參加的住戶，一起參拜天地，祭祀好兄弟。大樓住戶，雖然平時不乏碰面的機會，也有一年一度的住戶大會，可以共商事宜，但是，可以放鬆地聚在一起，閒話家常的，反而是一年一度的中元普渡！

在二〇一八年九月二日（農曆七月二十三日）的普渡祭典中，主委率領大家向天公爺及好兄弟鞠躬獻上準備的金紙、銀紙時，不小心將手上的紙打翻到地上，馬上有住戶說

（圖 2.1）筆者居住的大樓於 2018 年 9 月 2 日（農曆 7 月 23 日）舉行普渡祭典，主委率領大家向天公爺及好兄弟鞠躬獻上準備的金紙、銀紙時，不小心將手上的紙打翻到地上，馬上有住户説好兄弟等不及來搶了，讓大家笑開懷。

好兄弟等不及來搶了，讓大家笑開懷（圖2.1）。這種藉由自發性祭拜產生的社交活動，也是多元信仰的特色之一。筆者家母非常重視傳統禮俗，雖然不良於行，當時也堅持參加，當然是滿心歡喜。

上述活動，可以當成儒釋道多元信仰的例子，但是，面對諸如乩童活動的式微，以及現代人對一些民間信仰活動的兩極反應，從極端熱衷參與到非常冷漠與疏離，儒釋道之子的確面臨困惑與抉擇。

儒釋道之子的困惑

猶太教、基督教、伊斯蘭教等一神信仰的特點，包括教主定於一尊，有絕對的權威，教徒照教義行事，不容辯駁。節日清楚，且和宗教有直接連貫，一起放假，普天同慶。以基督教爲例，每星期日做禮拜，每年十二月二十五日過耶誕節，每年春分月圓之後第一個星期日過復活節，都是基督徒的例行公事，後兩者也是以基督教信仰爲主的西方國家的例假日。尤其耶誕節，不僅是基督教的節日，更隨著西方世界的文化滲透全球，成爲全球居民，不管是不是基督徒，一起歡度的節日。

在現代基督教光鮮亮麗的背後，其實經歷了大家都知道的「黑暗時代」（Dark Ages或Dark Age）。這是指西歐歷史上，從羅馬帝國的滅亡到文藝復興開始，一段文化遲滯、社會崩潰的時期。在這段時期，基督教推翻了古希臘、羅馬多神教爲主的多神信仰，成爲歐洲幾乎是唯一的宗教，不僅容不下他們認定的異端邪說，也影響藝術及文化方面的成就，更連帶地造成那段時期相當匱乏的歷史記錄！

物極必反，從十四世紀義大利中部的佛羅倫斯開始，逐漸擴展至歐洲各國的文藝復興，成爲人類史上最値得大書特書的一段。無論文學、哲學、建築、音樂、藝術、政治、科學、宗教等都大放異彩。宗教改革固不用說，音樂、藝術對基督教的影響，也極爲正面且深遠。單以《平安夜》這首歌爲例，Josef Mohr 在一八一六年寫了歌詞，Franz Gruber 在一八一八年完成作曲，從此風靡全球，無論您是不是基督徒，在寒冷的冬夜聽到這首歌，莫不感動。而舒伯特的《聖母頌》，更是筆者最愛聽的歌曲之一，每回聆聽，一股暖流必然流遍全身。

宗教本來是與未知世界溝通的生冷工具，耶穌被釘在十字架上，也是悲慘的舉動，但是，藉由偉大作曲家的創作，聖母彷彿就是每個人家的慈母，一下子就撫慰我們的心靈，忘了耶穌曾經講：「愛父母過於愛我的，不配作我的門徒。」當然，宗教的一大功能，在撫慰人心，無論耶穌講過什麼不合我們傳統倫理的話，聖歌、聖母畫像及雕像，聲聲悅耳或美感十足，都能達成教化人心的功能。從這個角度來說，筆者雖然不是基督徒，也非常認同基督教文化中聖母與聖嬰的連結，以及它帶來的溫暖。

相反地，儒釋道的傳承比基督教久遠，也重視傳統倫理，包容性更不用說，教主神聖又友善，彷彿良師益友。但是，教義多元、駁雜，教主固未定於一尊，節慶種類也多，且和宗教不一定有直接連貫。雖然比較有彈性空間，但是模糊地帶也廣。除了至聖先師孔子的誕辰，在尊師重道的傳統下，華人幾乎都知道，其他如老子或釋迦牟尼佛的誕辰，沒有多少人記得。更重要的是，音樂、美術在儒釋道的推廣及教化人心上，幾乎沒有什麼功能。無論儒教及道教，六藝中的「樂」早已失傳，或者從來沒有發揚過。佛教界長年單調語音的唸經，是一般人獲得的刻板印象，很難給人帶來溫暖的感覺。

大提琴家張正傑是前央行總裁許遠東的大提琴老師，許遠東在大園空難中遇難，靈堂上不停播放南無阿彌陀佛，而不是許遠東喜歡的古典音樂，直到九十多歲的母親，說出許遠東喜歡古典音樂，並改播許前總裁喜歡的曲目以後，場面才溫暖起來。莫怪張正傑直言：「我不太喜歡台灣的告別式，每次到殯儀館，本來很難過的心情，突然間沒辦法難過了，因爲那個氣氛不對，……所以我非常鼓勵大家，要留下遺囑，你最希望跟大家告別的方式是怎樣？要趁生前說出來。」[13]

有這樣感嘆的，何止大提琴家張正傑先生！筆者的母親，於二〇一六年底重病，需要戴氧氣面罩，由於我們已經簽署不急救同意書，大家都有她隨時會走的心理準備。很多親友趕來，以爲這是見她人生的最後一面。其中一位篤信佛教的近親，帶來小小的收錄音機，好心地放在她耳邊，不停地播放南無阿彌陀佛。沒想到看似昏睡中的母親，一手將它撥開，還說：「吵死了，我不想死在醫院！」要筆者立即幫她辦理出院。筆者只好照辦，並且幫她租氧氣桶及面罩，在家使用。奇蹟似地，她活下來，還多活了兩年！

除了深信大乘佛教淨土宗的僧眾或在家居士，以念誦「南無阿彌陀佛」六字來達到轉生西方極樂世界的目的，並且能以歡喜心接納它，一般儒釋道之子是否要在人生最終時刻，日以繼夜地念誦「南無阿彌陀佛」，不無討論的餘地。後面章節會針對這個議題，深入探討。

儒釋道之子面對博大精深又繁複的教義，固然興歎「高山仰止，景行行止。」，也莫不期待「雖不能至，然心嚮往之。」但是，我們一般人的困惑，不僅在於教義的難以取捨，徒然嚮往卻不知從何著手？急難時只能唸「阿彌陀佛」，或緊急求助「觀世音菩薩」，卻不知道祂們在哪裡。相形之下，基督徒、穆斯林等一神教的信徒，不僅有固定的經文可以研讀，連天主在什麼場合伸出援手，也有章節可以援引。例如《聖經．馬太福音25：40》提到：「我實在告訴你們，這些事你們既做在我這弟兄中一個最小的身上，就是做在我身上了。」多麼阿莎力、多麼乾脆，天主出面保護，信徒還有話說嗎？

儒釋道之子的抉擇

只要受過中等以上教育的華人，多多少少經歷儒釋道三教的教化與涵養。其中，傳統倫理的觀念，就像DNA一般，深深地植入我們內心的深處。說實在地，要掙脫傳統的束縛，接受唯天主獨尊的想法及做法，還眞不容易！有時不免羨慕可以心悅誠服地接受基督徒、穆斯林等一神教信仰的兄弟姐妹。

宗教信仰是最獨占性的人類活動，多必須從一而終，毫無商量的餘地，彷彿「一山不能容二虎」。當然，教主絕對不是老虎，是信徒內心的忠誠度和教友間的約束力，形成無形的天羅地網，比老虎更具威嚇的效果。特別在一神教如基督徒，一旦受洗，就如同歃血爲盟，義無反顧。也因爲這樣，爲宗教信仰掙扎過的人，相信不計其數，包括前述國學大師林語堂博士。3

多神信仰的包容性，前面已經明述。儒釋道三教的相容性及互補作用，在後面章節會拆解。筆者不是受戒的佛教徒，也算不上是居士，但是，就如同牛津大學教授，享譽世界的佛學家理察德・貢布里（Richard Gombrich）所說：「我不認爲我是佛教徒，也不認為我不是。事實上，我們也不必給所有人都貼標籤。一個人是不是佛教徒並不重要，重要的是，他是不是真的理解佛陀那無比燦爛的、充滿著力量、滿載著慈悲的智慧。當我說我是佛教徒時，不是說我比別人更純潔善良，而是我有太多無明煩惱需要去除，我需要佛陀的智慧。」14、15

儒釋道之子不必諱言自己是不是佛教徒，因為我們血液裡面，早已注入儒釋道三教的元素。除非皈依基督徒、穆斯林等一神教，否則我們對儒釋道三教的認知，只有深、淺之別，沒有是、非的標籤。每一個人都有太多無明煩惱需要去除，貢布里教授需要佛陀的智慧，我們何嘗不是？只是我們還有孔子、老子傳給我們的智慧，有待我們繼續去挖掘。

第二章參考文獻：

1. 《佛法新論：正解佛陀的法義》，鄭振煌著，大千出版社出版，二〇一五年三月初版。
2. 《莊子》司馬志編，華志文化事業有限公司出版，二〇一三年一月，初版1刷。

3. 《從異教徒到基督徒》，林語堂著作，謝綺霞譯，德華出版社出版，民國七十年七月初版。

4. 台灣人有多愛拜，數字告訴你—看雜誌，原文網址 https：//www.watchinese.com/article/2015/18972?page=show

5. 《從聖教到道教—馬華社會的節俗、信仰與文化》李豐楙著，國立臺灣大學出版中心出版，2018年5月初版。

6. 《人類大歷史：從野獸到扮演上帝》（Sapiens：A brief history of humankind），哈拉瑞（Yuval Noah Harari）著，林俊宏譯，遠見天下文化出版股份有限公司，二〇一八年三月二十二日，二版4刷。

7. 《聖與俗：宗教的本質》（The sacred and the profane：the nature of religion），伊利亞德（Mircea Eliade）著，楊素娥譯，桂冠圖書股份有限公司出版，二〇〇一年一月，初版1刷。

8. 《人間佛教佛陀本懷》，星雲大師口述，佛光山法堂書記室-妙廣法師等記錄，佛光文化事業有限公司出版，二〇一六年五月出版。

9. 《21世紀的21堂課》哈拉瑞著，林俊宏譯，遠見天下文化出版股份有限公司，二〇一九年一月十八日，一版6刷。

10. 《大方廣佛華嚴經淺釋》宣化上人講述，原文網址 https：//www.drbachinese.org/online_reading/sutra_explanation/Ava/contents.htm

11. 《金剛經說什麼》南懷瑾先生講述，老古文化事業股份有限公司出版，一九九二年八月臺灣初版；二〇一七年三月，臺灣二版38刷。

12. 《中國道教發展史略》，南懷瑾著，復旦大學出版社有限公司出版發行，二〇一七年三月，二版3刷。

13. 台灣壹週刊 NexTW【再見不是結束】大提琴家張正傑：台灣喪禮，失去了人的溫度…二〇一八年四月二十日。

14. 人間福報 merit-times.net › 即時報 › 即時新聞：「牛津大學佛學教授：佛陀見地比我個人有趣千倍」，2018-07-13 61852。

15. 中國佛學院官網：「牛津大學佛教研究中心主任理察德．貢布里教授來訪我院」，原文網址 https：//www.zgfxy.cn/Article/2016/10/16/1809071701.html

第三章 知「無常」、明「無我」、無「無明」——儒釋道的公約數

除非事事都交給佛祖，一心跟著師父念佛經就好，一般儒釋道之子，都多多少少有無法明白的事理困擾他！從二百六十個字的《心經》，點起「無明」心火開始，我們引用儒釋道三教祖師爺的高明見解，希望能一一化解「無明」、「無我」與「無常」引起的煩惱。

筆者認爲「無我」是儒釋道共通的最高行爲準則，「無明」是普世待解的難題，而化解「無常」是老子的專長！讀者若能知「無常」、明「無我」、無「無明」，就有望做到莊子說的「養志者忘形，致道者忘心」！

從「無明」說起，儒釋道怎麼教我們明白事理

《摩訶般若波羅蜜多心經》或《般若波羅蜜多心經》是佛教入門的經書，也是最容易朗朗上口的寶典。一般人喜歡採用玄奘版本，二百六十個字，除了有些文字仍保留梵文，須要查字典弄清楚，其他大多簡潔易懂。摩訶是梵語 mahā 的音譯，乃大或廣大的意思。般若梵語 Prajñā，是智慧的意思。波羅蜜梵語 Pāramī 或波羅蜜多 Pāramitā，字義比較複雜，原有至上的或菩薩的責任或財富的涵義，漢傳佛教翻譯爲「度」或「渡」，是根據詞根「pāram」有對岸、彼岸之意，故解讀爲渡到彼岸或到對岸。《摩訶般若波羅蜜多心經》可以翻譯爲大智慧到彼岸的心經，說白了，也就是到佛國淨土的指引。一般簡稱《般若心經》或《心經》。

《心經》中有一句是修習佛學最重要、也可能是最難懂的：「無無明。亦無無明盡。乃至無老死。亦無老死盡。」其中「無明」最淺顯的解釋是沒有智慧導致煩惱，意即沒有眞正的大徹大悟，洞悉世事，因此，一點芝麻蒜皮小事，都可以讓人心煩氣躁，所以形成一切苦的根源。但若根據《增一阿含經．緣起經》的更深一層解釋：「彼云何名爲

無明？所謂不知苦，不知集，不知盡，不知道，此名為無明。」則「無明」是很清楚地因為不知「苦集滅道」四聖諦所引起的。不過，此定義雖然清楚，但要通曉四聖諦不是那麼容易，下一章會詳說。

無無明，也就是沒有「無明」了，這自然是好事。「無明盡」是指無明至老死，其中包括生死流轉，反覆受苦。「無無明盡」，自然地是擺脫不明一切事理所導致的煩惱。「無老死」，指的是沒有生死流轉，而「無老死盡」，當然是生死流轉的消除，已經是進入菩薩，甚至於成佛的境界。後面一章會更清楚解釋這些比較難懂的佛語。至於要解除「苦集滅道」四聖諦引起的「無明」，簡單地說，就是要去除痛苦和煩惱的聚積，予以消滅，以達到身心釋然或涅槃的狀態。

除了前述的定義，佛教講「無明」，概括範圍很廣，南傳佛教的高僧—佛使尊者，引述《噶拉瑪經》，稱佛陀追尋克服人類最大的敵人—無明。1連佛陀都這麼說，一般人對「無明」更誠惶誠恐。單就宇宙及所有生物的起源而言，就沒有任何聖賢能人能說清楚、講明白，都推給混沌。佛教也不例外，在這裡，「無明」指的是沒有覺察緣起，也就是不知從何而來？自然地，也不知往何處去？因此，「無明」是佛教十二因緣之首。

《維摩詰經．見阿閦佛品第十二》提到觀如來要「具足三明」，是少數定義「明」

的經文。「三明」就是宿命明、天眼明、漏盡明。宿命明就是知道自身及他身過往之生死相；天眼明就是知道自身及他身來世之生死相；漏盡明就是知道現世之苦相，並擁有斷盡煩惱的智慧。即使定義清楚，怎麼去除「無明」，獲得「三明」，《維摩詰經》並未直接提供解方。

老子也曾嘗試解釋「無明」，在道德經第二十一章提到：「道之為物，惟恍惟惚。惚兮恍兮，其中有象；恍兮惚兮，其中有物」老子不直接解釋「無明」，而是將道之起源推給恍惚，認為恍惚中，道生成了，萬物也才有形體了。老子講恍惚，已經近似佛教的「無明」狀態。

莊子更絕，太太死了，還鼓盆而歌，因為他說他的太太「始而本無生」，在恍惚的境界裡，才開始變有氣，有氣以後變成有形，有形變而有生。如今，老婆走了，也等於是又回歸到大自然的運作。周而復始，恰如其分地反映佛教十二因緣、生死輪迴的更替，更是萬物生生不息的註解。

孔子秉持一貫中規中矩的立場，在《禮記．中庸篇》提到：「天命之謂性；率性之謂道；修道之謂教。」就是說老天爺給我們什麼，這是祂賦予我們的本性，我們就要順其自然地接受，這才是做人處世的道理。而教育的目的，當然是教這順天理、明自然的意義。至聖先師很巧妙地迴避生命起源的難題。他還說：「是故君子戒愼乎其所不睹，恐懼乎其所不聞。」意思是對看不見、摸不著的東西，一定要懷著戒愼恐懼的心理去小心地面對。對生死的「無明」，也不打算刻意去解答。

「無明」不僅存在於生命起源及生死輪迴、更替的不解，也存在於日常生活中的諸多偏見，前一章提到牛津大學理察德貢布里教授，需要佛陀的智慧來解決他無明煩惱，這包括被傲慢包裹、無法了斷自己對一切欲望的執著、無法坦然接受無常、無法隨順眾生中自利利他。當然，他也希望能像佛陀一樣：愛自己所恨的人！2、3貢布里教授的情操，已經超出尋常人非常多，但是他點出的問題，卻是我們一般人都應該學習克服的。

貪、嗔、痴、慢、疑是佛教講的五毒，貪指的是貪婪、貪心、貪念多；嗔指怨恨不滿，經常生氣；痴是愚痴；慢是驕傲自大又自滿；疑是不信任他人，猜忌狐疑。貢布里教授在五毒中，特別提到怕自己被傲慢包裹，這也許是他謙沖爲懷的具體表現。但是佛教《契經》對慢的解釋則要廣泛得多，根據法遵法師的說法，它包括了一切形式的自我意識。所以，我慢不只是驕傲自大又自滿，也包括後面一節提到的我執或我相。如此解釋，不僅可以呼應貢布里教授害怕的事情，也可以說明爲何法遵法師說：我慢是將衆生推入苦痛深淵的最大力量。4當然，其他四毒很容易表現在外，爲人所忌憚。唯獨「慢」是知識份子最常犯的錯。

《道德經》第九章提到「持而盈之，不如其已；揣而銳之，不可長保。金玉滿堂，莫之能守；富貴而驕，自遺其咎。功遂身退天之道。」意思是，與其自滿自誇，不如適可而止；鋒芒太露的人，其銳勢很快被消磨殆盡；富貴難長守，如果因此恃寵而驕，就是自找麻煩；只有事情做好了，趕快退下來，才符合天道的運作。老子口中的「盈、銳、驕」都是「慢」的一種表現。所以這一章是老子對佛教的「慢」，所提出來最好的對策。

除了「慢」，「無明」無所不在。老子在《道德經》的第一章，就一語道破凡人「無明」的根源與無「無明」的極限。他說：「道可道，非常道。名可名，非常名。無名天地之始；有名萬物之母。」簡單地說，人似乎懂得很多，但是，大家都心知肚明，我們不懂的更多。我們知道的部分，只是宇宙萬物運作的一小部分，所以「可道」、「可名」的是日常生活的瑣碎小節，「無法道、無可名」的部分，才是推動天地運行、萬物生生不息的根本。可惜，人的知識及智慧有極限。「非常道、非常名」依然多到難以理解。老子一針見血，人類的「無明」恐怕仍然會長遠存在！如後面章節分析，只要我們不過分要求，無明煩惱就會少一點。當然，如果能做到梁啟超引用佛陀的話說：「當煩惱淨化之後，眾生自己就是佛。」[5]或者如佛使尊者所言：「心理了無貪、嗔、痴、慢、疑等一切煩惱習氣，就證得涅槃。」1果眞有那一天，那眞會是我們修成正果的一刻了！

普通人如果嫌修成正果不容易做到，老子倒是提供一個解方，就是「襲明」，這裡的襲不是襲擊的意思，是因襲、沿襲的意思，所以「襲明」就是沿襲明智之舉。在《道德經》第二十七章提到：「是以聖人常善救人，故無棄人，常善救物，故無棄物。是謂襲明。」怎樣才算善救人？林語堂博士解釋是要讓「人盡其才」，這樣就沒有不得救、被遺棄的人；怎麼才算善救物？自然地要「物盡其用」，不要隨便丟棄、浪費。6人人都這樣做，就能達到明智大開、世界更乾淨的「襲明」境界。很有趣的是，這也是孫中山當年上書李鴻章的救國四大綱領之一部分。只是孫中山用在救國，這裡用在破除「無明」以救人。老子的「襲明」雖然不能解決所有「無明」困擾，但是至少可以部分緩解。

「無我」是儒釋道共通的最高行爲準則

在《說佛》這本書裡，梁啓超說：「倘若有人問佛教經典全藏八千卷，能用一句話包括嗎？我便一點不遲疑答道：『無我我所。』再省略也可以僅答兩個字：『無我。』因爲『我』即無，『我所』不消說也無了。」[5]

「無我」到底是什麼樣的境界，可以讓梁啓超一語概括佛教八千卷經書浩瀚的內容？佛教基本教義，就是「苦、空、無常、無我」。佛教三法印「諸行無常、諸法無我、涅槃寂靜」中，也包括「無我」。這三法印，星雲大師認爲「具有普遍性、必然性、平等性、永恆性、本來性、超越性、可證性等條件。……就是合乎這些條件的眞理。」[7]不僅兩位大師肯定「無我」的重要性，南傳佛教的高僧—佛使尊者，也提到：「如果我欣賞任何觀念或思想，我就要觀想它直到顯現無我性爲止；否則我將長坐不起。」[1]偉哉斯言！

在解開「無我」之前，先了解佛教的「我」或「自我」是什麼？佛使尊者說：「『自我』不是虛幻的，而是不假因緣而自行存在的實體。」[1]因此，佛教要我們否定或放下因緣所左右的實體，而不是否定我們一般人認知的身、心以及它衍生的影響力。每一個人都是實實在在地存在，「無我」當然不是要否定我們的存在，或者要我們當個隱形人，而是要放下「我相」或「我執」。

先講「我相」，講白了，就是以自我爲中心的存在，執著在人際關係，攀交情、談功利，希望榮華富貴，活得長長久久，正應了佛教《金剛經》提到的：「若菩薩有我相。人相。衆生相。壽者相。即非菩薩。」「菩薩」就是覺悟的有情衆生。佛陀要衆生擺脫「我相」之外，還要擺脫「人相。衆生相。壽者相。」，也就是擺脫功名利祿、攀緣附會，和妄求長生不死。只有這樣做，才能成爲「菩薩」。佛陀還進一步說：「凡所有相。皆是虛妄。」一語道破一般人的執著，看不開花花綠綠的世界，有多少是華而不實！

南懷瑾先生解釋上述佛陀的話：「人的煩惱都因這四相而起。鳩摩羅什把它歸納起來叫做四相，玄奘法師的翻譯，還加三個，成爲七相。鳩摩羅什把後面三個統統歸入壽者相。……，完全離開了這四相，才可說是學佛的眞正境界。」8所以，要擁抱「無我」，第一步就要放下「我相」。

「我執」也是佛教術語，也稱人執，和「我相」的意思其實大同小異，因個人太過執著，而產生「我」與「我所」等私利妄念，迷惑在聲色犬馬的世界，在六道當中流轉，頻生煩惱。所以佛教《俱舍論》說：「由我執力，諸煩惱生。三有輪迴，無容解脫。」

只要「我執」存在，人當然解脫不了。

佛使尊者也提到：「拔除我執即是自囚牢中釋放：『自我』（atta）就是囚牢，每一種囚牢最後都可以歸因於『自我』」而「徹底調伏『我慢』是無上的喜樂。」[1]眞是一語道破我執、我慢帶給凡人的苦惱！

上述偉大的人物都有共通的特性，就是能超脫世俗、庸俗的見解，深入生命的奧秘探討，自然地，他們也獲得共通的看法。雖然用語不完全吻合，但意義則無二致。從《道德經》好幾個章節的內容，我們不難看出老子非常看重「無我」及「無私」。例如第七章提到「天長地久。天地所以能長且久者，以其不自生，故能長生。是以聖人後其身而身先；外其身而身存。」以白話文講，天能長、地能久，就是它們不為自己營生；而聖人凡事讓他人優先，不為自身考量，最後反而能受到尊重禮遇。第二十二章提到「不自見，故明；不自是，故彰；不自伐，故有功；不自矜，故長。夫唯不爭，故天下莫能與之爭。」這一段語意通俗，就是要我們不堅持己見，不自以為是，不自誇、不驕矜，自然事事通明，不會樹敵，也沒有和他匹敵的人了！

莊子更妙，他認為無物不著「相」，若不懂「我相」或「我執」，就無法講道理。所以在《莊子．知北遊》當東郭子問他：「所謂道，惡乎在？」他就從螻蟻說起，東郭子一路追問，他就一路從稻田的稗草，講到瓦甓，最後甚至於不堪入耳的屎溺，也點名了。這些日常生活觸目可及的物品或動作，都有它存在的道理，也當然有它的樣貌，說明白了這就是佛學講的著「相」。所以莊子從身邊著「相」的物品，包括螻蟻、稗草、瓦甓、甚至於屎溺，指出我們若執著於物體的樣貌，而無法領略它們存在的道理，就無法擺脫「相」的束縛，「道」也無法浮現！

但是，東郭子未能領會。莊子等而下之的比喻，反而讓東郭子聽到後來很不爽，好像有被言語霸凌的感覺。莊子當然知道他不爽，所以接著說：「正獲之問於監市履狶也，每下愈況。」意思就是像一個名叫獲的管理市場的官吏，向屠夫詢問豬的肥瘦，屠夫踩踏豬腿的部位，越是往下，就越能探知肥瘦的眞實情況。最後，莊子教訓了一下東郭子：「你不要拘泥於在每一樣事物的細節裡尋找道，萬物沒有什麼東西可以逃離它。」講白了，就是莊子要東郭子放下「我相」、「我執」，活在當下，「道」就自然浮現！後面章節提到禪宗大師六祖惠能的「頓悟」，若讀者能領略，就可以回過頭來呼應此處莊子講的「道」。

實事求是的孔子，不會明講「無我」，但是對於念茲在茲的儒者形象，倒是說得很清楚。魯哀公問孔子，什麼是儒者，孔子用很長的話描述，這裡只能重點摘錄：「儒有可親而不可劫也，可近而不可迫也，可殺而不可辱也。……儒有內稱不辟親，外舉不辟怨。程功積事，推賢而進達之，不望其報。」《禮記．儒行》意思是儒者可以親近，但不可以脅迫；可以靠近，但不可以壓制；即使威脅殺了他，也可以不為所動，不能接受任何侮辱。親人如果表現好，儒者不會迴避稱譽自己的親戚；須要推薦人才時，也不會故意避開和自己有怨仇的人，只考慮對方所累積的功績，推舉賢能使他們得以善盡其才，且不求回報。這樣的儒者，可以說是積極展現「無我」的典型代表。

世事無常，亙古皆然，佛陀怎麼化解我們的困擾？

佛陀說法四十九年，未曾留下任何著作，佛陀入滅後，弟子集結傳誦佛陀生前的教誨，出現《契經》及四《阿含經》，其中阿含的中文字義爲萬法之歸結或總持，輾轉傳來。輾轉傳來的《契經》或四《阿含經》，雖然都不是第一手資料，但已經是最靠近佛陀說法的經文。根據法遵法師的《契經》，佛陀非常看重「無常」，有一段佛陀（即世尊）和弟子比丘的對話，可以印證，佛陀問：「如是受、想、行、識爲常？無常？」，比丘白（回答）佛言：「無常，世尊！」佛陀又問：「若無常者是苦耶？」，比丘白佛言：「是苦，世尊！」4

色、受、想、行、識是佛教界認爲會蒙蔽人的五種基本元素，又稱五受陰或五取蘊，受和取同樣是表達「納入」，而陰和蘊則是一種「聚積」的狀態。色是佛教界最常用的字眼，定義非常廣泛又深奧到難以一語概括。色可以概括我們可以接觸到的所有有形物質，地、水、火、風、氣味、性、食等等。依據俱舍論所載，色係指五根（眼耳鼻舌身）所觸之五境（色聲香味觸）及有形、無形難以言語表達的物質。這些物質會壞，當然也會誘惑人，形成色陰，也成爲五受陰之首。

在進一步弄清楚五受陰之前，先說明前述五根，它們代表人體接觸外面的五個感覺器官。五根之外，如果另外加入「意」根即變成六根。所以六根就是眼、耳、鼻、舌、身及意根。這六根接觸色、聲、香、味、觸、法，其中「法」以現代語言說，就是訊息。所以，色、聲、香、味、觸、法，可稱六外處；而經過眼、耳、鼻、舌、身等器官進入體內，觸動「意」根，產生意念，這過程或這些經手單位就稱六入或六入處。

有「色」，意即有外在刺激，就會產生一連串反應。首先是「受」，意即內心會產生感受或感覺，接著經過大腦的思「想」，可能產生貪、嗔、痴、慢、疑等五毒，當然也可能有賞心悅目的反應；接下來的「行」，就是經過內心意志的醞釀，採取行動來應付或對付。所以「行」的定義是「造作」，意思是有心志協同下的動作。「識」的定義是「了別」，也就是已明瞭、能識別[9]，意思是統合上述的連鎖反應，產生的自覺，有可能令人五味雜陳或其他心境。在梁啓超的著作中，「色、受、想、行」是「我所」，意即我們所處的環境和接受的訊息，以及隨即做出的反應，最後整合到「識」身上，所以他認爲「識」就是「我」。[10]

就像魔鬼總是藏在細節裡，「無常」不會放過五蘊中的任何一步，所以，有可能好的事情不常存，造成苦，有可能結果讓人不舒服造成苦，也可能身不由己造成苦。這些都是「無常」纏住五蘊的結果。

面對這樣的情況，一般人要怎麼辦？《契經．五陰誦》提供佛陀的解方，他說：「比丘！若無常、苦、是變易法，聖弟子甯復於中計我、異我、相在不？」比丘白佛言：「不也，世尊！」4在這一段對話，佛陀清楚地說無常或苦，不是固定，是會經常改變。他問弟子願意像以前一樣，當作我、認爲就是我；或者我之外，另有一個我；還是想像我如神一般地偉大，可以亙久長存，無懼於外界的變化？佛陀的弟子，有可能是阿難尊者，馬上抓住佛陀的本意，立即否認。他否認的，其實就是前面一節講的「我相」或「我執」！講白了，就是不要執著於「我」，也不要執著於亙久長存或妄想成仙，超脫現狀。要放下身段，面對現實，再苦還是可以熬過去！

無常和苦擺在一起，其實還有一層更深的意義。佛陀將苦分爲苦苦、壞苦、行苦三種。1苦苦，是我們生活中感受到的痛苦，例如打針、肚子痛等等；壞苦，是指我們短暫快樂之後，好景不常所帶來的痛苦；行苦，是世事無常、動輒得咎的苦，例如無端地車禍受傷或禍不單行帶來的痛苦。「壞苦」容易和我們常說的福無雙至聯想在一起，但是更常見的情形是歡樂過後的失落感，那就是苦。

化解無常困擾，減少苦的方子雖然很多，能令人信服的可能有限。鎮州臨濟慧照禪師提供的語錄，其中有一段可以供參考：「莫因循逐樂。光陰可惜。念念無常。麁則被地水火風。細則被生住異滅四相所逼。」「問如何是四種無相境。師云。爾一念心疑被地來礙。爾一念心愛被水來溺。爾一念心嗔被火來燒。爾一念心喜被風來飄。若能如是辨得。不被境轉。處處用境。」11

在解釋上面這段文句的意義之前，先弄懂幾個字。麁就是粗細的粗；地水火風是構成所有物質的四大元素；生住異滅，是佛經上相對於動物（佛法叫有情）的生、老、病、死，發生在植物、樹木花草的四種生命狀態；而在更廣大的大地，乃至於宇宙，則有成、住、壞、空。所以用在不同層次的色界或物種，名詞雖然不一樣，意思是一樣的。所以通稱「四相」，也就是在這個生命過程中有這四種或四階段的現象。

慧照禪師的這段話，非常精彩，化成白話文如下：不要一味地因循苟且，貪圖逸樂。光陰有限，要懂得珍惜，隨時要惦記著世事無常。活著的時候，外在環境，屬於比較大的一面，我們可能被地水火風所迫害；個人小的一面，則不脫生、老、病、死所苦纏。這「四相」要擺脫，進入無相的境界，就要記住四點。首先，只要生起疑心，地上就有無數讓你懷疑的對象，每一個都有可能卡住你，讓你行不得；其次，愛欲是無限的，比如香車美人、三妻四妾，永遠塡滿不了貪婪男子像大海一般的欲念，只有被水吞噬了，才可能消滅；如果一天到晚都埋怨這、埋怨那，怒火燒個不停，只能等焚燒殆盡，才可以善了；如果被歡喜沖昏了頭，甚至於飄飄欲仙，大概只有風才能把它吹醒，或吹到另外一個世界！有智慧的人，能分辨其中的利害，就不會被牽著鼻子走，而能處處逢凶化吉，臻於化境。

善哉慧照禪師的金玉良言！相信讀者讀後必然「心領神會」，心有戚戚焉！

知「無常」是老子的專長

過去讀三國演義，對諸葛孔明的料事如神，敬佩不已。不過，就幫大眾開悟人生的大道理而言，老子不愧是道教的鼻祖。凡佛陀爲弟子開釋的佛經要義，很多在《道德經》多有著墨。「無常」也不例外。在《道德經》第十六章，老子便說：「夫物芸芸，各復歸其根。歸根曰靜，是謂復命。復命曰常，知常曰明。不知常，妄作凶。知常容，容乃公，公乃王，王乃天，天乃道，道乃久，沒身不殆。」

我特別保留冗長的原作，因爲「知常」和「無常」，是一體的兩面。老子在這裡說，生物界成千上萬的物種，都曾經欣欣向榮，但也都會繁華落盡，又回到它初始的根部。復歸根部就是「靜」，也就是回復生命本來的狀態。這樣地回復生命本來的狀態，就是「常」。能知道「常」，就是「明」。不知道「常」，輕舉妄動，就會惹禍上身。能知道「常」，就能學會包容；能包容就能公正無私，能公正無私，就足以成爲萬人景仰，可以一統天下的王侯。這樣的人，能夠上達天聽，其行爲自然符合「道」，國家社會也可以長治久安，不會陷入危機。

老子說到復歸根部就是「靜」，讓筆者聯想到兩點：首先是「涅槃」，按照佛使尊者的說法，「涅槃界定爲解脫束縛、折磨和痛苦的狀態，它是來自於看清世間法和一切事物的眞實性質，因而可以放棄對它們的一切執著。」[1]這樣的說法，不就是回復生命本來的狀態，也就是「靜」的狀態嗎？另外一點，就是印度詩人、哲學家泰戈爾的一句名言：「願生似夏花之燦爛，死似秋葉之靜美。」[12]樹高千丈，終歸葉落歸根，要懂得生命更迭的常態，活著時候要像夏天盛開的花朵一般燦爛。但是，無論「曾經滄海難爲水」，走的時候，安安靜靜地接受它，就像秋天的樹葉，無聲無息地掉落，就是面對「無常」，最好的詮釋，也是最接近佛教「涅槃」或老子「靜」的時刻！

很有意思的是，在本章第一節，我引述老子對付「無明」的良方之一，就是「襲明」。這裡，再引用《道德經》第五十二章的一段話來說明老子如何因應「無常」，他的法寶就是「襲常」。老子說：「天下有始，以爲天下母。既得其母，以知其子，既知其子，復守其母，沒身不殆。塞其兌，閉其門，終身不勤。開其兌，濟其事，終身不救。見小曰明，守柔曰強。用其光，復歸其明，無遺身殃；是爲襲常。」

我保留原文，讓讀者有機會反覆咀嚼。初看全文，有點難懂。翻譯成白話文，就會讓人豁然開朗。老子說：「天底下萬事萬物，總有個起頭，這起頭我們習慣稱之爲母親。

既然有母親，我們就能知道她的孩子的樣貌；既然知道她的孩子的樣貌，我們就能追溯並固守他們的本源—母親，如此順勢而爲，當然一輩子到死，都不會惹禍上身。有時候要懂得塞住眼、耳、鼻、口，少聽閒話，少出餿主意，少惹事生非，終身可以平順、不會厭煩；相反地，如果眼、耳、鼻、口大開，到處大嘴巴亂講，到處想插一手，這樣的人，大概一輩子沒救了。能夠看到微小差異的人，才是眞正的明智；能夠無懼於微弱的人，才是強者。善用智慧的光芒，讓每一個地方，無論曾經多暗淡，都可以恢復光明。這樣一來，還須要擔心身陷危境嗎？這就是沿襲尋常的道理。」

看來老子眞有兩把刷子，幾乎把「無常」也馴服了。我用幾乎這字眼，因爲佛教的「無常」，就像第一節的「無明」，解釋可以因人而異，概括範圍有多大，也大概只有佛陀自己最清楚！

莊子敢於長篇大論挑戰禮教，對「無常」，倒是少講話。比較近一點的說法，見於《莊子．知北遊》中的一段，摘錄如下：「孔子問於老聃曰：『今日晏閒，敢問至道。』老聃曰：『天不得不高，地不得不廣，日月不得不行，萬物不得不昌，此其道與！……人生天地之間，若白駒之過郤，忽然而已。……明見無值，辯不若默。道不可聞，聞不若塞。此之謂大得。』」

莊子有一個怪癖，常喜歡透過別人的嘴巴，講出自己的看法。前面這一段孔子問於老聃（即老子）的對話，是否眞有其事，還是莊子自己捏造？無從查起，也不是重點，重要的還是莊子自己的看法。前面部分，淺顯易懂，就不必贅述。中間提到人生天地之間，就像白駒過隙，意思是像白馬從洞孔間，一下子就跑過去。後面提出他個人的大道理：再高明的見解，也常經不起時間的考驗，不値幾文錢；與其和人無謂地爭辯，還不如三緘其口。外面聽到很多的高談闊論，說穿了，根本不値得聽；不巧聽到，就當耳邊風，這樣就不會亂了自己的心志，才是眞正得道！

莊子非常聰明，他講的道理，有時似非而是，眞的須要從佛教「無常」的觀點剖析，就比較容易懂。他其實是講我們一般人，在人生這麼短的時間，太容易被他人所左右，也太不懂世事無常，人云亦云，亂了方寸，一無所得！這段話，和前面老子所說的，有異曲同工之妙。

注重規矩的儒家鼻祖，無論孔子還是孟子，大概認爲一切照章行事，還需要擔憂「無常」嗎？自然地，他們極少談及這方面的言論。勉強要找的話，孟子在《公孫丑上》引用詩經的話，《詩》云：「迨天之未陰雨，徹彼桑土，綢繆牖戶。今此下民，或敢侮予？」《詩》云：「永言配命，自求多福。」《太甲》曰：「天作孽，猶可違；自作孽，不可活。」

這首詩前面提到，趁現在天還沒下雨，取下桑根的皮，修補門窗。如此未雨綢繆，這些國家的百姓，還有那個敢來欺侮他們！後面提到，經常注意自己的言行舉止，縱使平常的行事，也要合乎天命，如此可以求得自己的幸福。書經太甲篇上也說：天闖的禍，還可以逃避；自己闖出來的禍，就沒救、活不了。

講白了，孔子、孟子注重實事求是，不講做不到的事，也不談玄學。對待「無常」，就像對待死亡，以「未知生，焉知死？」一語帶過。前述說法，也是他們典型的反應：有備無患，何須高談「無常」？

養志者忘形，致道者忘心

孔子的弟子曾子居住在衛國，穿著破破爛爛碎麻做的內袍，滿臉浮腫，手腳磨出厚厚的繭，可以連續三天不生火煮東西吃，十年不製新衣。隨手整理帽子，帽帶斷裂；提起衣襟，手肘就外露。穿鞋子後跟斷裂，披頭散髮，卻能高歌一曲商朝的歌謠，聲音嘹亮，讓衛國國王不得不臣服，諸侯也不得不和他做朋友。莊子嘆服，說涵養志氣的人忘了自己的形體；涵養形體到極致，會忘了外在的利害；眞正明白道理的人，連心機都不存在了。《莊子．雜篇．讓王》

曾子不僅學識淵博，也是出名的孝子，更是孔子的孫子—子思的老師，而子思的弟子教出亞聖孟子。可見在這一脈相傳中，足以見識曾子的非凡造詣。而這樣的人，居然沒有心機，可見其不僅明「無我」、也無「無明」！

欲得道者若要做到心機都不存在的境界，部分靠學識、智慧及修煉，部分和環境有關係。李白有一首「下終南山過斛斯山人宿置酒」的詩，非常出名，幾乎人人都可以朗朗上口：「暮從碧山下，山月隨人歸。卻顧所來徑，蒼蒼橫翠微。相攜及田家，童稚開荊扉。綠竹入幽徑，青蘿拂行衣。歡言得所憩，美酒聊共揮。長歌吟松風，曲盡河星稀。我醉君復樂，陶然共忘機。」能享受這種古代典型的田園風光，就是從簡單的生活心態著手。越純樸，越能融入生活的環境，也越能達到「無我」、「共忘機」的境界。

前面莊子對曾子贊不絕口，但是，莊子更常做的事，卻是挖苦孔子。《莊子．外篇．天地》記錄孔子的弟子子貢遊歷楚國後，要返回晉國，經過漢陰這地方，碰到一個種菜的農夫，拿罐子到水井裡取水灌溉，這樣辛辛苦苦地爬上爬下好幾次，子貢看不過去，忍不住說：「現在的人多用機械取水灌溉，一次還可以灌上百個菜圃，你為什麼不用？」種菜的農夫回答說：「這等事，誰都知道。我的老師告訴我，人一旦習慣用上機巧的裝置，就會養成凡事取巧的想法；一旦事事取巧，就會心機越動越深！這樣的人，他原本純淨清白的心思就起了變化，再也回不去本來完整的人。從此心神不定，胸中還能有大道理嗎？」

本來講到這裡，子貢已經無話可說，莊子藉種菜農夫的嘴巴，繼續他得理不饒人。農夫問：「你的老師是誰？」子貢回說：「孔丘」農夫答腔：「就是那個好賣弄學問，自己以為是聖人的那一個人？！他不時在談唱哀歌、賣弄名聲，好教天下人都知道他。你跟著他，就忘了本來純淨的心神，放縱形骸墮落到凡塵！自己都管不好，還想插手天下事？！你趕快走吧，不要在這裡礙手礙腳！」

子貢聽了非常羞愧，離開後走了三十里的路，一句話也沒說。旁邊跟隨他的人很納悶，忍不住問他，子貢才開口講話，不外乎這農夫讓他見識到他老師說的，不是唯一的眞理，實在是人外有人，天外有天。子貢回去後，還是跟老師報告，孔子說：「這個人用渾沌氏之術，來唬弄你，你不必和他一般見識！」憨厚的子貢，在孔子去世後，為他守喪六年，為孔子弟子中守喪最長者，好像沒有受到莊子所舉軼事的影響。

這段寓言，莊子強調「有機械者必有機事，有機事者必有機心」不一定放諸四海皆準。但是，孔子自己也講：「巧言令色，鮮矣仁！」，可見不被機巧之事蒙蔽，能少動心機的人，還是極少數。一般人動心機或運用機械也許欲有所得，想過好生活；也許圖個家境平安，六畜興旺，不一定是壞事。很多人運勢不佳時，可以靠簡單的符咒保平安。更進一步者，可以藉轉法輪，甚至於機巧的運合風車（圖3.1），化解厄運，達成心平氣和的境地。無論轉法輪或運合風車，也許化解不了信徒的「無明」，但希望能化解「無常」。

總的來說，一旦人常有機事、有機心，離開「無我」就越來越遠，離「無明」就越來越近，也不一定有助於克服「無常」的困境。可見要做到「養志者忘形，致道者忘心」，我們還有很長的路要走！知「無常」、明「無我」、無「無明」，是筆者認眞思考後，認定的儒釋道的公約數。讀者不一定認同，但無損於儒釋道鼻祖超過兩千年、屹立不搖的仁心寶鑑！

（圖 3.1）筆者於 2019 年 4 月 21 日和友人到湖南鳳凰古城旅遊，看見店子販售「運合風車」（fortune windmill），據云此風車問世於中國商周時期，結合儒家、道家八卦風輪，及東巴文化四季平安輪概念所創，集風水、祈福、財運、辟邪、鎮宅的功能，原理一如轉法輪，藉助機械裝置轉運保平安。購買者也許化解不了「無明」，但希望能化解「無常」。

第二章參考文獻：

1. 《不出世的奇葩：南傳佛教第一人，佛使尊者》鄭振煌居士著，大千出版社出版，民國一〇二年十一月初版。
2. 人間福報 merit-times.net›即時報›即時新聞：「牛津大學佛學教授：佛陀見地，比我個人有趣千倍」，2018-07-13 61852。
3. 中國佛學院官網：「牛津大學佛教研究中心主任理查德．貢布里教授來訪我院」，原文網址 https：//www.zgfxy.cn/Article/2016/10/16/1809071701.html
4. 法遵法師著：『滅苦之道』，原文網址 https：//emilykueming.wordpress.com/2008/07/23/『滅苦之道』，Posted on 二〇〇八年七月二十三日 by emilykueming
5. 《說佛》，梁啓超著，海鴿文化出版圖書有限公司出版，台北市，二〇一一年一月一日，二版1刷。
6. 《老子的智慧》，林語堂著，德華出版社出版，民國七十一年一月初版。
7. 《人間佛教的戒定慧》，星雲大師著，佛光文化事業有限公司出版，二〇一三年八月初版。
8. 《金剛經說什麼》，南懷瑾先生講述，老古文化事業股份有限公司出版，一九九二年八月臺灣初版；二〇一七年三月，臺灣二版38刷。
9. 《成佛之道（增註本）—所謂五蘊者》，印順文教基金會推廣教育中心，原文網址 https：//yinshun-edu.org.tw/Master_yinshun/y42_04_11
10. 《佛學研究十八篇》，梁啓超撰，陳士強導讀，上海世紀出版股份有限公司出版，郵政編號 200020，二〇一一年十二月初版。
11. 《鎮州臨濟慧照禪師語錄》CBETA 電子版，版本記錄：1.2, 2002/11/04 完成，中華電子佛典協會（CBETA）cbeta@ccbs.ntu.edu.tw 發行，大正新脩大正藏經 Vol. 47, No. 1985
12. Let life be beautiful like summer flowers and death like autumn leaves. 語句參考維基語錄：「羅賓德拉納特．泰戈爾」，本頁面最後編輯於二〇一七年六月十一日。

第四章

讀《西遊記》，看懂「天龍八部」；「放焰口」不是放煙火，搭「火車」到地獄去

佛教源自印度，有其特殊的歷史及文化背景，其經典至少爲中國增加了三萬五千個詞彙。一般人很難弄清楚每一句佛典的用語。我們從家喻戶曉的《西遊記》著手，解析部分字句的佛理玄機。作者吳承恩巧妙地安排佛陀十大弟子中的三位出現書中，而三藏的坐騎白馬，功成返回長安，如來加陞其職爲八部天龍，也非常適當。

「天龍八部」源自於印度的神話，是天眾、龍眾等八種獸類，聽聞佛陀講經後轉化爲佛教的守護神。在佛教，「放焰口」不是放煙火，而是對餓鬼道的眾生來做布施的法會。此外，搭「火車」是到地獄去。「出廣長舌」，不是俗稱的「長舌」，卻是不妄語。至於小乘教法，是否如《西遊記》中唐太宗辦法會請來的菩薩所云：「度不得亡者超昇，只可渾俗和光而已」則有待讀者讀後體會！

《西遊記》不只是好看的遊記！唐三藏及弟子命名有玄機

《西遊記》是中國「四大名著」之一，其他三部是《三國演義》、《水滸傳》及《紅樓夢》。哲學及文學造詣都爲人推崇的胡適之，曾用幾十頁的文字考證，得到結論，認爲過去許多人透過書中的「微言大義」，把《西遊記》罩上了儒、釋、道的袍子。他不認爲書中有什麼微妙的意思，只是有趣、滑稽的神話小說！[1]

《西遊記》的確有趣，但看唐僧師徒經歷的八十一個劫難，雖然關關難過，終究還是關關過了，但是每一關的考驗都不一樣，應對的方式千變萬化，精彩絕倫。書中孫悟空的武術招式盡出，令人目不暇給。把它和《水滸傳》視爲中國武俠小說的開山祖師，實不爲過。

在吳承恩撰述《西遊記》之前，民間早有類似的傳說和章回小說，在宋元兩代流傳，可見民間對玄奘到西方取經的故事，充滿著好奇。一方面折服於玄奘克服種種困境，超越前人，到遙遠的佛祖誕生地印度，取回第一手的經書，還親自領軍翻譯。另一方面，更對佛教的原義，以及生死輪迴、涅槃的說法和境界，滿懷憧憬。《西遊記》中，孫悟空上天下海，出入陰曹地府，情節細緻有趣到使一般人不再對死亡感到那麼恐怖。孫悟空大鬧天宮，敢於挑戰玉皇大帝的威權，也令人讀後莞爾。

就我個人而言，固然對吳承恩的文學造詣，佩服得五體投地；對他天馬行空的情節建構，也讚嘆不已。但在我們這個年紀再翻閱《西遊記》，眞正令我悸動的，是他對佛教的深刻認知，所帶出來的「微言大義」。

玄奘不是最早西行求法的留學生，因爲魏晉時代的法顯曾到天竺留學十餘年；玄奘也不是留學時間最長的留學生，因爲繼玄奘之後，經海運到印度留學的義淨，在印度留學二十餘年。但是，玄奘卻是中國歷史上，最著名的留學生，留學印度十七年，回國後投入翻譯工作十九年，所譯經論七十三部一千三百三十卷，不僅是中國佛教史上，四大翻譯家之一（另外三位是鳩摩羅什、眞諦、不空或義淨），其範圍更涵蓋佛教經、律、論三藏，故稱呼三藏法師，委實當之無愧。[2、3]

《西遊記》裡，玄奘準備出發前，唐太宗做法會，請來菩薩念一會《受生度亡經》，談一會《安邦天寶篆》，又宣一會《勸修功卷》。最後修理一下玄奘道：「你這小乘教法，度不得亡者超昇，只可渾俗和光而已。我有大乘佛法三藏，能超亡者昇天，能度難人脫苦，能修無量壽身，能作無來無去。」，弄得玄奘非常尷尬，太宗忙解圍道：「菩薩說，西天有經三藏。御弟可指經取號，號作三藏何如？」可想而知，玄奘當然滿心歡喜，就拜領這個「唐三藏」的名號，一路到西天取經。

如果《西遊記》只如玄奘自己著述的《大唐西域記》，那般苦行僧似的平鋪直敘，一般人也不會感興趣。《西遊記》最成功的地方，是塑造出孫悟空這個角色。孫悟空原是花果山美猴王，無名無姓，因想長生不老，參訪仙道，遇樵夫指點，到靈臺方寸山，斜月三星洞中找神仙「須菩提」祖師，爲他取名並修道。祖師道：「我門中有十二個字，分派取名，到你乃第十輩之小徒矣。」猴王道：「那十二個字？」祖師道：「乃廣、大、智、慧、眞、如、性、海、穎、悟、圓、覺十二字。*排到你，正當『悟』字。與你起個法名叫做『孫悟空』，好麼？」猴王笑道：「好！好！好！自今就叫做孫悟空也。」

「須菩提」是佛陀十大弟子之一，按照南懷瑾先生的說法，「須菩提」中文的意譯就是善現，意思是他的人生境界，是道德的至善。[4]佛陀十大弟子中，須菩提通達空義，故稱「解空第一」。[2]吳承恩安排這響噹噹的佛陀弟子爲美猴王命名悟空，實在是高招！既要孫悟空爲護送唐三藏到西方取經，務必止於至善；也要孫悟空，無論如何七十二變，也逃不出如來佛的掌心，讓讀者體認「色即是空」，色身就算一變再變，也終究萬法歸一，即歸於佛陀所講的空的境界。

有悟空在先，接下來的弟子，仍「悟」字掛在前面。流沙河上會吃人的妖怪，本是天上捲簾大將軍，因蟠桃會上打碎玻璃盞被貶下界，專司傷生吃人造孽。後遇上菩薩指沙為姓，就姓了沙；起個法名，叫做沙悟淨，專等取經唐三藏經過，即皈依當他的弟子。因為先前吃人，不僅脖子上掛骷髏，以示懺悔並銘記在心，也是唐三藏三個弟子中，最安靜、最少惹事生非的一個。依照六祖壇經惠能祖師的說法，歸依佛法自性三寶：佛、法、僧，各有其深層的涵義。惠能認為佛者，覺也；法者，正也；僧者，淨也。依此推理，沙悟淨最能代表自性三寶中的僧者。

幾乎和孫悟空齊名的弟子，就是豬八戒。豬八戒原是天蓬水神下凡，到高家莊當女婿，也是受到菩薩感召，摩頂受戒，起了法名，叫做豬悟能，斷了五葷三厭，在丈人家持齋把素，不曾動葷。悟能見了師父，卻想藉機開齋，三藏連忙道：「不可，不可。你既是不吃五葷三厭，我再與你起個別名，喚為八戒。」那獃子歡歡喜喜道：「謹遵師命。」因此又叫做豬八戒。

「八戒」為佛教「五戒」，即殺、盜、淫、妄、酒之外，另加三戒，又稱八關齋戒，即關閉一切非善事，杜絕一切雜想事。這外加三戒包括：第六，華香瓔珞香油塗身，這是印度華麗裝飾之風俗；第七，高勝床上坐，作倡伎樂故往觀聽，當然是傷風敗俗的紈褲之舉；第八，非時食，即過午不食。[5]眞要做到八戒，非常非常地不容易。所謂江山易改，豬性難移，在《西遊記》裡，不時看到豬八戒踩到紅線，要不是唐三藏和其他兩位師兄弟勸阻，這獃子眞的會破戒。

酒在前述「五戒」中是很特別的一戒，叫做「遮戒」，本身不是罪大惡極的事，但會導致人失去理性，做出殺、盜、淫、妄等天理難容的「性戒」，所以列於「五戒」之末，以昭炯戒！

孫悟空被佛陀壓在五行山下，等三藏經過才救他出來，三藏看他像沙門中（出家僧侶）的人物，便叫：「徒弟啊，你姓甚麼？」猴王道：「我姓孫。」三藏道：「我與你起個法名，卻好呼喚。」猴王道：「不勞師父盛意，我原有個法名，叫做孫悟空。」三藏歡喜道：「也正合我們的宗派。你這個模樣，就像那小頭陀一般，我與你起個混名，稱爲行者，好麼？」悟空道：「好，好，好。」自此悟空又多了一個名字，叫做孫行者。

前段提到的「頭陀」是佛教用語，是佛教僧侶的一種修行方式，通常稱爲頭陀行。頭陀梵文意指修治、滌除，也就是說要滌除煩惱與塵垢，捨棄不需要的衣、食、住，專注於修煉身心。佛陀的十大弟子中，摩訶（大）迦葉就是頭陀第一。因他長居阿蘭若，遠離人群，又稱阿蘭若比丘，或叢林比丘。前面一章提到的南傳佛教的高僧—佛使尊者，就是頭陀行的典範。佛教傳到中國之後，頭陀的解釋也包括行腳乞食的出家人，或不理頭髮的苦行僧。

三藏爲悟空起個混名，稱爲行者，非常恰當。縱覽《西遊記》全書，幾乎都可以看到孫悟空片刻不停地出生入死，雖然不像叢林比丘一般遠離世事，其苦行天下，昭然若揭。

＊吳承恩在此用「廣、大、智、慧、真、如、性、海、穎、悟、圓、覺」對照佛教十二因緣「無明、行、識、名色、六處、觸、受、愛、取、有、生、老死」，藏有玄機，有待讀者用心體會！

大迦葉及阿難在《西遊記》中示現，及行者被三藏驅逐的意義

《西遊記》中，只要出現佛祖，就有阿儺（難）、迦葉二尊者相隨。在第七回，如來佛離開了雷音寺，至靈霄門外，看到三十六員雷將圍困著大鬧天宮的齊天大聖，大聖那時鬥志昂揚，看到如來，厲聲高叫道：「你是那方善士，敢來止住刀兵問我？」如來笑道：「我是西方極樂世界釋迦牟尼尊者。南無阿彌陀佛！今聞你猖狂村野，屢反天宮，不知是何方生長，何年得道，爲何這等暴橫？」好大聖，急縱身又要跳出。被佛祖翻掌一撲，把這猴王推出西天門外，將五指化作金、木、水、火、土五座聯山，喚名「五行山」，輕輕的把他壓住。衆雷神與阿儺、迦葉一個個合掌稱揚道：「善哉，善哉！」，猴王也一直等到三藏經過才被救出來。

阿難、迦葉是佛陀十大弟子中的兩位[2]，迦葉即摩訶迦葉，梵語摩訶是大的意思。佛陀生前講經，從不立文字，佛陀入滅後，五百位大羅漢比丘，於王舍城郊外的七葉窟

內進行結集。結集之時，由大迦葉主持，「經藏」由阿難誦出，「律藏」則由持律第一之另外一位大弟子優婆離分八十次誦出。從第一次結集，才有文字記錄第一手佛經，大迦葉及阿難在其中扮演關鍵角色。

大迦葉除了頭陀第一，還有一個在禪宗流傳的著名故事，襯托大迦葉的智慧，實在無與倫比。故事說世尊（即佛祖）在靈山會上，拈花示衆，衆皆默然，唯迦葉破顏微笑。世尊道：「吾有正法眼藏，涅槃妙心，實相無相，微妙法門，不立文字，教外別傳，付囑摩訶迦葉。」可見大迦葉是最能體會佛祖心意的弟子。由他和記憶超群的阿難，聯手記下佛陀曾講過的佛經，再適當不過了。而吳承恩撰述《西遊記》，當然想到玄奘西行求法，務必求得第一手佛經。故吳承恩將阿難、迦葉列於如來左右的兩位尊者，除了昭告傳承之用意，也讓後人知道唐三藏排除萬難，求取的是佛祖傳下來的第一手經書。吳承恩的用心，由此可知。

孫悟空再善變，仍然受制於如來套在他頭上的緊箍兒，而且只要唐三藏不爽，念一下咒語，他就會眼脹頭痛，腦門欲裂。有一次因誤殺人，被三藏驅逐出去。行者去找觀世音菩薩，一望見菩薩，倒身下拜，止不住淚如泉湧，放聲大哭。菩薩說道：「唐三藏奉旨投西，一心要秉善爲僧，決不輕傷性命。似你有無量神通，何苦打殺許多草寇？草寇雖是不良，到底是個人身，不該打死。比那妖禽怪獸、鬼魅精魔不同。那個打死，是你的功績；這人身打死，還是你的不仁。」悟空要求除去緊箍兒，菩薩不允許，因他的任務未完成。倒是幫悟空求情，讓他歸隊。佛教五戒，首戒在禁止濫殺無辜，悟空也不例外。

在《西遊記》中，三藏未得道前，其實是相當軟弱無能的。有一次師徒正走處，不覺天晚。三藏憂心道：「徒弟，如今天色又晚，卻往那裡安歇？」行者道：「師父說話差了。出家人餐風宿水，臥月眠霜，隨處是家。又問那裡安歇，何也？」從簡單對話，可以看出吳承恩筆下的孫悟空，早已悟道，只是一路護送三藏，不輕易露出自己的慧根。在第九十八回，佛祖撐一隻無底的船兒，接引三藏師徒過河，三藏見了，心驚道：「你這無底的破船兒如何渡人？」行者火眼金睛，早已認得是佛祖接引，催促大家登船，不一時，穩穩當當的過了凌雲仙渡。

《西遊記》最後一回，唐三藏師徒成功地取經回到長安，佛祖加陞唐僧為旃檀功德佛，孫悟空為鬥戰勝佛。豬悟能加陞正果，做淨壇使者，豬八戒很不爽，嚷道：「他們都成佛，如何把我做個淨壇使者？」如來道：「因汝口壯身慵，食腸寬大。蓋天下四大部洲，瞻仰吾教者甚多，凡諸佛事，教汝淨壇，乃是個有受用的品級，如何不好？」如來看穿他江山易改，豬性難移，如此冊封，無話可說！沙悟淨的果位爲金身羅漢，羅漢爲原始佛教、部派佛教的第四果，前三果位分別是佛、菩薩和辟支佛。吳承恩下筆，連這職稱都和沙悟淨的表現稱職，可見其用心。

三藏的坐騎白馬，本是西洋大海廣晉龍王之子，因違逆父命，犯了不孝之罪，貶爲白馬，幸因皈身沙門，每日馱負聖僧來西，之後又馱負聖經去東，如來加陞其職爲八部天龍。八部天龍職位一般人不解，需要在下一節詳述。

「天龍八部」裡妖魔轉化爲神祇，《西遊記》中佛陀是妖精的外甥

據說釋迦牟尼世尊晚年在王舍城東北靈鷲山說《妙法蓮華經》，當時集合在靈鷲山上的聽衆，有以文殊、觀音爲首的大菩薩八萬人，有以摩訶迦葉、舍利弗等爲首的大阿羅漢一萬二千人，其他還有天衆（天界諸神的通稱）、龍衆（龍神）、夜叉（鬼神）、乾闥婆（樂神）、阿修羅（最暴惡的神）、迦樓羅（金翅鳥，一切鳥中之王）、緊那羅（歌神）、摩睺羅伽（蟒神）等的八部大衆。此外，還有國王、大臣、學者等等。其中天衆、龍衆、夜叉、乾闥婆、阿修羅、迦樓羅、緊那羅、摩睺羅迦是佛教八大護法神。此八種神話種族以「天衆」和「龍衆」爲首，故稱「天龍八部」。6

「天龍八部」源自於印度的神話，除了欲界天、色界天、無色界天等諸天衆、其他都是畜生、妖魔。例如「龍」是禽類的水屬之王，印度神話中的蛇神；「夜叉」是走得非常快，樣子非常可怕的鬼神；「乾闥婆」是以香爲食的妖怪，又叫嗅香神，是玉帝的

樂神；「阿修羅」是生得非常醜陋，好酒、易怒、好鬥，也是半神半人的大力鬼神；「迦樓羅」是印度神話中的怪鳥，兩翼之間相距三百三十六萬里，捕龍而食，常從口中吐大火焰；「緊那羅」是似人、非人，馬首人身的鬼神，也因能歌善舞而成爲玉帝的樂神；「摩睺羅伽」是人形蛇首的蟒神。佛陀成道後，觀機說法，這些妖禽怪獸、鬼魅精魔得以證悟，成爲佛教的守護神。7、8

很多人第一次聽到「天龍八部」這個名字，是得自金庸的同名小說或連續劇。據說金庸從小就聽祖母誦念《般若波羅蜜多心經》、《金剛經》和《妙法蓮華經》，在他早先創作的武俠小說就經常引用大乘經典。寫於一九六一—一九六三年間的《倚天屠龍記》，就多處引錄《金剛經》。《天龍八部》中，金庸也將《金剛經》中有名的四句偈：「一切有爲法，如夢幻泡影，如露亦如電，應作如是觀。」刻在少林寺菩提院的銅鏡上。金庸表示：「《天龍八部》部分表達了佛家的哲學思想，就是人生大多數是不幸的。佛家對人生比較悲觀，人生都要受苦，不管活得怎樣好，最後總要死，當然沒辦法。佛家思想對人生眞諦有深刻的理解。」9、10

但是，從金大俠小說，一般人仍很難和佛教的「天龍八部」聯想在一起。雲南大理的「天龍八部」影城，除了保留拍攝「天龍八部」的影視場景，供遊客參觀、回味，裡

面也有「天龍八部」八個神祇的畫像及說明，算是聊備一格。（圖4.1、圖4.2）

既然妖怪、鬼魅、精魔也可以被佛陀感化變成神祇，佛身邊差遣的童兒或大鵬，也可以到塵世耍把戲變妖精，阻撓唐三藏師徒到西方取經，而且功力之高，連齊天大聖也屢吃敗仗，不得不求助佛祖。《西遊記》第六十六回，在彌勒佛身邊司磬的黃眉童兒，於三月三日，趁彌勒佛赴元始會去，留他在宮看守，這童兒把彌勒佛幾件寶貝拐出，假佛成精，變成小雷音妖怪。妖怪的搭包兒是彌勒佛的後天袋子，俗名喚『人種袋』，而那條狼牙棒是個敲磬的槌兒。有佛的用品變成凡間作怪的利器，打得孫行者親至寶蓮臺下，望見菩薩，倒身下拜，止不住淚如泉湧，放聲大哭。最後仍賴彌勒佛收拾小雷音妖怪。

在第七十七回，行者又到菩薩前倒身下拜，放聲大哭。行者抱怨為保護唐僧一路上苦不堪言。在獅駝山中獅駝洞及獅駝城，有三個毒魔，乃獅王、豫王、大鵬，把他師父捉去，連弟子一概遭迍，都綑在蒸籠裡，受湯火之災。幸行者脫逃，喚龍王救免。如來道：「大鵬是與他一母所生，故此有些親處。」行者聞言笑道：「如來，若這般比論，你還是妖精的外甥哩。」如來道：「那怪須是我去，方可收得。」最後還是靠佛陀之力，把三個妖魔馴服。其中，第三個妖魔掙扎掄利爪要叼捉猴王，但是大聖藏在佛光中，他怎敢近。最後在佛頂上不能遠遁，現了本相，乃是一個大鵬金翅鵰。

彌勒佛身邊司磬的黃眉童兒，可化身小雷音妖怪；而佛陀是毒魔大鵬的外甥，由此可見《西遊記》的神話寓意甚深，也影射神與魔的轉換，只在一念之間。三藏的坐騎白馬，因功變成八部天龍，成爲伺候佛祖的神祇，也算功德圓滿。

（圖 4.1）筆者於 2018 年 9 月 10 日到雲南大理市旅遊，和友人一同參觀天龍八部影城，在大門口合影。

（圖 4.2）天龍八部影城內，有亭子介紹天龍八部神祇，本圖顯示天眾、龍眾及夜叉。

小乘教法只可渾俗和光嗎？

《西遊記》裡，玄奘準備出發前，唐太宗做法會，請來菩薩念經，最後這菩薩和玄奘說：「你這小乘教法，度不得亡者超昇，只可渾俗和光而已。」所以要玄奘西行求大乘佛法三藏，才「能超亡者昇天，能度難人脫苦，能修無量壽身，能作無來無去。」

「渾俗和光」字義是不露鋒芒，與世無爭；但也可以比喻無能，不中用。佛教大概是所有宗教裡面，教派最複雜、教義最多元、教徒最無所適從的宗教。這一切源自於佛陀生前講經，從不立文字，佛陀入滅後，教徒幾次結集，將教義誦出，集結成經。但是，教徒的風俗、背景、文化等等有很大的差異。佛經雖多，立意也良善，卻沒有一本經書概括所有佛陀所有的精要。星雲大師看出此點，曾說佛教：「各版藏經內容浩繁，沒有分段、標點，讓人感到閱讀困難。加上經義高深，經典種類繁多，讓有心想要深入佛教的人，只能望經興歎。不像耶穌宗教只要讀懂《聖經》，伊斯蘭教只要明白《可蘭經》便可。」11

大師一語道破的，可不是只有佛經的複雜、多元，還涉及兩千多年來大、小乘的爭議。一般人若要簡單的定義，會採納漢傳大乘佛教的觀點，認爲只求自身了生死、脫輪迴、離煩惱的「自了漢」，就是小乘佛教的教徒；而大乘教徒認爲要想成就佛果的話，不但要自度，更要度人。

這爭議很容易令人想到儒家思想，《禮記・大學篇》提到格物，致知，誠意，正心，修身做起，然後齊家，治國，平天下，以達到「止於至善」的境地。《孟子・盡心上》也說道：「古之人，得志澤加於民；不得志，修身見於世。窮則獨善其身，達則兼善天下。」所以小乘可以等同儒家的獨善其身，而大乘則有兼善天下的意味。

如果所有佛教徒都能大、小乘兼修，從修身做起，自己做好了，才「兼善天下」，則不但大、小乘的爭議可以落幕，現今台灣看到的宗教亂象，也可以終止。根據南懷瑾先生的講述「佛的出家弟子們，離開人世間妻兒、父母、家庭，這種出家眾叫做大比丘眾。在佛教經典中的出家眾，歸類到小乘的範圍，他們離開人世間的一切，專心於自己的修行，也就是放棄一切而成就自己的道，叫做小乘羅漢的境界。這在中文叫做自了漢……佛教裡表現實相叫示現，爲表達那個形相，大菩薩們的示現都是在家的裝扮。譬如大慈大悲觀世音、大智文殊菩薩、大行普賢菩薩、以及一些菩薩等，……，外形雖是入世的，心卻是出世的，所以菩薩境界謂之大乘。」[4]

從泰國、緬甸等以佛教立國的東南亞國家，一般人在人生某一個階段，多要出家一段時間，修習佛法、增廣見聞，眞正地從修身做起。只信仰釋迦牟尼佛，把釋迦牟尼視爲教主、導師和徹底的覺悟者。主修戒、定、慧「三學」（堅守戒律，修習禪定，從而獲得智慧），以及「八正道」（正見、正思惟、正語、正業、正命、正精進、正念、正定）。如此專注修行，容易達成民風淳樸的境地。個人積小善成整個國家的大善，反而能徹底發揮小乘佛教圓融的境界。南傳佛教的高僧—佛使尊者，可以說是小乘佛教的典範。[12、13]

大乘則把釋迦牟尼看做是一個法力無邊、全知全能的佛，且認爲除釋迦牟尼外，在三世（過去、現在、未來）十方（前、後、左、右、前右、前左、後右、後左、上、下）有無數的佛。我們從小拜的觀世音菩薩，就是其中之一。除了小乘的「三學」「八正道」外，大乘佛教要修習「菩薩行」，內容包括「六度」「四攝」，也要發四弘誓願：「眾生無邊誓願度，煩惱無盡誓願斷，法門無量誓願學，佛道無上誓願成。」還要培養四無量心：「慈無量心、悲無量心、喜無量心、捨無量心。」[12、14]

「六度」包括布施、持戒、忍辱、精進、禪定、智慧。「四攝」包括布施、愛語、利行和同事。無論是「六度」或「四攝」，布施顯然地佔據重要地位。布施包括財布施、法布施、和無畏布施。財布施最簡單、最容易懂、也最容易氾濫，它包括奉獻金錢、車輛、房屋、土地等外露且顯而易見的財物，或奉獻個人體力，甚至於血肉等內斂但仍然有形的財物；法布施包括廣播知識、技能等世俗有用的一切法，以及佛、菩薩的出世間法；無畏布施就是解除眾生的苦惱、悲傷、驚恐和痛苦。毫無疑問地，這三種布施裡的最後一項，只有對佛法精通，甚至於超凡入聖者，才辦得到。中間的法布施，也要有充分的學問及修行，才能造福人群。只有財布施不須要有先決條件，而且符合傳統博施濟眾的善行，大眾也樂於施行。很不幸地，這也很容易淪爲神棍斂財的藉口。

信眾布施，除了有時候表達感恩致謝，更多時候是爲了個人累積功德，死後可以到西方極樂世界。這樣做有沒有效，筆者無法置評。《六祖壇經》提到韋刺史聽說達摩祖師初次會晤梁武帝時，梁武帝問道：「朕一生造寺度僧，布施設齋，有何功德。」達摩直言：「實無功德。」可以想見梁武帝聽到達摩這樣率直的回答後，有多麼難堪，一般人包括韋刺史也不解其意，所以向六祖惠能請教。六祖惠能回答：「實無功德，勿疑先聖之言。武帝心邪，不知正法。造寺度僧，布施設齋，名爲求福。不可將福便（變）爲功德。功德在法身中，不在修福。」六祖提到的法身，又名自性身、眞實身，不是可見的肉身，而是與心識概念合一，不生不滅像靈魂一般的清淨身。

六祖惠能繼續說：「內心謙下是功，外行於禮是德。自性建立萬法是功，心體離念是德。不離自性是功，應用無染是德。若覓功德法身，但依此作，是真功德。」六祖提出謙下、行禮、崇法、離念、無我、無染，就是老子口中的赤子，所以《道德經》第五十五章，老子說：「含德之厚，比於赤子。」這兩大哲人的話，很清楚傳達一個訊息，功德在法身中，在回歸善良的本性，而不在一心一意地修福，或好大喜功方式的財布施。

當然，六祖惠能的說法，不見得每一個人都同意。如果人人都善用「六度」「四攝」，也許可以達到儒家所說的「兼善天下」甚至於「大同世界」。但是，現階段大、小乘之爭議，恐怕不是只有布施的困擾。是否如吳承恩在《西遊記》筆下所言：只有大乘「能超亡者昇天，能度難人脫苦，能修無量壽身，能作無來無去。」大概要大費周章去瞭解，自然地，有待後面章節去進一步討論！

至於《西遊記》中說的「小乘教法只可渾俗和光」，是否如此，讀者心中自有譜了。筆者倒有一詞給大家參考：「小乘不小器，大乘量己力。」這也吻合《阿含經》四句偈：「一施悲和敬，二儲不時需，三分營生業，四分生活用。」，意思是生活所需、營生及不時之需都契合須要後，當思考布施給需要的人或寺院。國人常講中庸之道，不要過與不及，對大、小乘其實也滿適用。凡事隨緣，盡心盡力即可！

「放焰口」不是放煙火，搭「火車」是到地獄去

梁啓超在《佛學研究十八篇》一書裡提到：「近日本人所編《佛教大辭典》，所收乃至三萬五千餘語，此諸語者非他，實漢晉迄唐八百年間諸師所創造，加入吾國語系統中而變爲新成分者也。」[3]也就是說，自從佛教傳入中國以後，由於佛經的翻譯，至少爲中國增加了三萬五千個詞彙。[11]

讓一般人難以管窺全貌並精通佛經經文的，不只是外來詞彙像海一般地浩瀚，還有玄奘訂下的五不翻譯原則：一、秘密故，如陀羅尼；二、含多義故，如薄伽；三、此無故，如閻浮樹；四、順古故，如阿耨菩提；五、生善故，如般若。[3]這五不譯原則，雖然保留梵文音譯，但也造成一般人無法立即理解其原義。有些生澀的字眼，連讀都不容易，何況要進一步理解。

筆者第一次接觸到「放焰口」這三個字還以爲是放煙火，心想佛門淨地怎麼不時有人搞慶祝活動。進一步探討，才發現我們想得太離譜了。焰口的由來，據法鼓山的解說，是源自於阿難尊者在林中修習禪定時，見到觀音大士化身的餓鬼「面然」（又稱爲焰口），

面容枯槁、頭髮散亂、腹大如山，還臉上噴火，阿難嚇到，忙問「面然」爲什麼會這樣？「面然」告訴阿難是因爲生前吝嗇、貪心，死後墮入餓鬼道，長年在飢餓中受苦。面然還告訴阿難，阿難壽命終了也會墮落到餓鬼道！阿難一聽，非常害怕，到佛前請示解方，佛陀指導阿難「焰口經」和施食的方法，使無量恆河沙數的餓鬼、衆生，皆得到飲食飽滿，解脫苦趣，施食者並可以延年益壽，受到諸鬼神的擁護。15

所以「焰口」的意思就是吝嗇的餓鬼，這一類鬼的食量極大，喉管卻極細，有了食物也難以果腹。食物進入口中時，變成了臭穢的膿血，從口裡吐出來都是火，這個火又臭又熱，故名「焰口」。「放焰口」就是對餓鬼道的衆生來做布施，讓他們能吃到甘露法食，並勸他們歸依佛法僧三寶。「放焰口」其實有很多規矩，並且須依法會行之。佛光山住持心平和尚圓寂，遺囑特別交代：「不做焰口佛事，希望大家厚愛心平的心，繼續護持佛光山就好。」16可見焰口佛事是重大的法會，不是筆者這般凡夫俗子先前所誤解的，像放煙火一般的慶典小事！

此外，根據星雲大師的著述《佛光教科書九：佛教問題探討》17，書中提到《盂蘭盆經》所載，目犍連尊者以天眼通見其母墮在餓鬼道，以惡業受報故，飯食皆變爲火焰，日夜倒懸，痛苦至極。目犍連向佛陀請示解救之道，佛陀指示其於七月十五日，以百味飲食置於盂蘭盆中供養三寶，方得救七世父母。這也形成現今於每年農曆七月十五日，寺院循例舉行盂蘭盆會，在誦經施食外，有供僧大會。而民間中元普渡，於焉形成。盂蘭盆會中的「盂蘭」是倒懸的意思，而「盆」則是救護的器皿，所以「盂蘭盆」會，目的自然在救日夜倒懸、極端痛苦的受難者。這源自於目犍連救他墜入餓鬼道母親的傳說，所形成民間流傳千年的「目連救母」，更是我們這一代的人，經常從長輩聽到的異常感人的故事。

另外，包括筆者在內，很多人是火車迷，因爲它在航空及公路交通不發達的上個世紀五零年代以前，是載我們到遠方最重要的交通工具。但是，在佛經裡面，不要隨便搭「火車」，因爲它是載罪人到地獄去的專車，會發火光故名「火車」。《增一阿含經》記載：「設罪多者，當入地獄、刀山、劍樹、火車、爐炭、呑飲融銅；或爲畜生，爲人所使，食以芻草，受苦無量。」[18]

國人說到「長舌」，往往代表說話的人喜歡搬弄是非，亂講話。但是在佛經，「出廣長舌」，卻是不妄語，所言不虛。「彈指」通常代表時間飛逝，但是在佛經，「彈指」是十佛力之一，代表隨喜，意指隨喜後世衆生，得無上大法《法華經如來神力品第二十一》。[19]

無論是《般若波羅蜜多心經》或《金剛經》，有一句詞會常出現，而且初次接觸佛經的，絕對難以理解，那就是「阿耨多羅三藐三菩提」或稱「阿耨多羅三藐三菩提心」。這是從梵文（anuttara-samyak-sambodhi）直接音譯成漢字。根據南懷瑾先生的說法：「『阿耨多羅』這四個梵文字，中文勉強譯為『無上』，至高無上。『三』這個音就是正，『藐』是等，平等。菩提是覺悟，連起來就是說：無上正等正覺的心。……如果就其意義翻譯成禪宗的大徹大悟。」4

想當然爾，「阿耨多羅三藐三菩提」是成佛的境界，也是每個佛教徒發想修行的最高境界，這就是為什麼包括《心經》或《金剛經》在內，那麼多佛經以它做為修行的最高指標。怎麼樣做才可以達到無上正等正覺或大徹大悟的境界？其實佛經都多多少少會指導信眾一些修行的方法。以《心經》為例，第三章提到的「無無明。亦無無明盡。乃至無老死。亦無老死盡。」應該是第一關，「無苦集滅道。無智。亦無得。以無所得故。」就是接下來的那一關。下兩段會詳細說明後面這一句的意思。

「苦集滅道」是佛教四聖諦，其重要性不言可喻。苦的定義，前面章節已經提過。集，就是聚集受苦之因，包括身三業、口四業、意三業，合計共十業，又稱十惡業。身三業包括殺、盜、淫；口四業包括惡口、兩舌、妄語、綺語；意三業包括貪、瞋、痴。口四業中比較難懂的是「不兩舌」，它是指不搬弄是非，不離間他人感情；「不綺語」就是不說花言巧語，言不及義等言語。瞋就是忿怒；痴，或稱爲無知，致生邪見。人會苦，原因非常多，但是「集」卻是很多人難以脫離苦海的重要原因。

「滅聖諦」就是滅惑、業、苦，斷貪、嗔、痴等無明煩惱，使人不再有造作之心，究竟不生，不生不滅，自然地通往涅槃的道路上。做到這裡，就須進入「道聖諦」，才能有聖果。「道聖諦」最重要的做法，就是修或認眞執行八聖（正）道，也就是：正見、正志、正語、正業、正命、正方便、正念、正定。[20]、[21]這樣做了以後，就可以得到聖果，也就是進入涅槃的境界。

至於前面提到的「無智」，其實是眞正的大智慧，不標榜自以爲是的智慧；「無得」，就是「諸法空相」，不僅人我兩空，連法也是空的，更別說名利、權利之類的東西，「赤條條地來去無牽掛」就是「無得」，自然地，「以無所得故」爲終結。接下來「無罣礙故。遠離顚倒夢想。究竟涅盤。」就很容易理解了。這是玄奘版《心經》令很多人愛不釋手的原因。

至於《金剛經》，有更多品（或章節）提到「阿耨多羅三藐三菩提」，在第二十三品，佛說：「修一切善法，即得阿耨多羅三藐三菩提。」簡單明瞭，令人躍躍欲試，但執行可不易！修一切善法，須要皓首窮經一輩子。若不下定決心早點啓程，恐怕永遠無法達標！第八章會深入說明。

第四章參考文獻：

1. 《西遊記》，吳承恩撰、繆天華校注，三民書局股份有限公司出版，二〇一八年一月，三版11刷。
2. 《佛光教科書4：佛教史》，佛光星雲著，佛光山宗務委員會出版，一九九九年十月初版。
3. 《佛學研究十八篇》，梁啓超撰，陳士強導讀，上海世紀出版股份有限公司出版，郵政編號200020，二〇一一年十二月初版。
4. 《金剛經說什麼》，南懷瑾先生講述，老古文化事業股份有限公司出版，一九九九年八月臺灣初版；二〇一七年三月，臺灣二版38刷。
5. 《李叔同說佛》，李叔同著，八方出版股份有限公司出版，二〇一〇年六月，初版4刷。
6. The Lotus Sutra 妙法蓮華經—dharmandme，原文網址 https：//dharmandme.blogspot.com/2011/12/lotus-sutra.html
7. 觀世音菩薩普門品講話，星雲法師著—七葉佛教書舍 https：//www.book853.com/wap.aspx?nid=278&p=14&cid=8
8. 《大方廣佛華嚴經淺釋》，宣化上人講述，原文網址 https：//www.drbachinese.org/online_reading/

sutra_explanation/Ava/contents.htm。

9. 心靈上最接近般若宗／金庸：解開《金剛經》智慧方程式，原文網址 https：//www.ddc.com.tw/ec/event/2015/02/DiamondSutra/P4-3.htm

10. 維基百科：「天龍八部」，本頁面最後修訂於二〇一八年六月十三日，19：08。

11. 《人間佛教佛陀本懷》，星雲大師口述，佛光山法堂書記室-妙廣法師等記錄，佛光文化事業有限公司出版，二〇一六年五月出版。

12. 什麼是大乘佛教與小乘佛教？—壹讀 https://read01.com › 人文

13. 《不出世的奇葩：南傳佛教第一人，佛使尊者》，鄭振煌居士著，大千出版社出版，民國一〇二年十一月初版。

14. 維基百科：「大乘佛教」，本頁面最後修訂於二〇一八年十一月六日，15：25。

15. 何謂放焰口—法鼓山 https：//www.ddm.org.tw/lianchung/web/2012/p1-2.html

16. 佛光山比丘阿羅漢—星雲大師，原文網址 https：//www.masterhsingyun.org/ArticleContentServlet?bookid...ch=5&se=0

17. 《佛光教科書九：佛教問題探討》，佛光星雲編著，佛光文化事業有限公司出版，一九九九年十月初版。

18. 原典在《增一阿含經》，經卷第四十，九眾生居品第四十四。

19. 《法華經》，星雲大師總監修、董群釋譯，佛光文化事業有限公司出版，二〇一七年十月，再版16刷。

20. 原典在《雜阿含經》第75經／五陰誦第一／三十七道品，CBETA電子版，版本記錄：1.3，完成日期：2002/11/04，發行單位：中華電子佛典協會（CBETA）cbeta@ccbs.ntu.edu.tw 資料底本：大正新脩大正藏經 Vol. 2, No. 099

21. 《雜阿含經》，星雲大師總監修、吳平釋譯，佛光文化事業有限公司出版，二〇一七年十月，再版12刷。

第五章 放下屠刀，可以立地成佛嗎？

「放下屠刀，立地成佛」是大家從小就耳熟能詳的一句成語，源自於佛教經典。故事中的男主角鴦掘摩羅在殺了九百九十九個人後，撞見佛陀，改邪歸正，後來證得阿羅漢果，而非成佛，因爲佛教講求修行，其成果也有等級之分。佛理精深奥妙，任憑弱水三千，我們只能取一瓢飲，而習佛的「一瓢飲」究竟爲何，有待讀者自己追尋。除了「無常」和「無明」，一般人也有天人交戰和心猿意馬、舉棋不定的時候，也會有徬徨或漂泊的感覺，這時，我們要克服的，不只有心魔，我們需要知道天堂就在人間，需要「愛」和一點溫暖，這正是佛教比較含蓄，須要大家正視並克服的。

「放下屠刀，立地成佛」的典故

「放下屠刀，立地成佛」是大家從小就耳熟能詳的一句成語。由於筆者在傳統環境中長大，這句成語還一直以爲是源自於中國。而且放下屠刀這四個字，望文生義，很容易聯想到幫人殺豬的屠夫，的確，也有傳聞甚至於引經據典的故事，和屠夫扯上關係。

深究「放下屠刀，立地成佛」的典故後，發現這故事的曲折離奇，足以讓一般人，包括筆者在內，瞠目結舌不已。筆者根據聖嚴法師的著述及維基百科的資料1、2，綜合陳述這典故的來源。

故事發生在佛陀時代，印度境內的憍薩羅國，舍衛大城的北邊，一個名叫薩那的村落，誕生了一個男孩。當他出生的時候，國內所有剎帝利的武士階級，全部不由自主地拔出刀劍，作迎敵戰鬥的準備，但是鋒刃的利劍卻缺了口，握在手中的把柄，也隨即墮落在地。這非常奇特的現象使得全國的武士們，都感到莫名其妙地驚恐。後來調查發現，原來是舍衛城北的一個村落中，誕生了一個嬰兒，因此，孩子的父母便以伽瞿作爲這個嬰兒的名字，其意思是一切世間現，又名爲 ahimsaka，意思是不殺生、不傷害。

伽瞿長大後成了英俊健壯而孔武有力的青年，身手佼捷到能徒手捉飛鳥，跑步快過奔馳的馬，卻又是一個溫文儒雅的年輕人。父親早逝，侍母至孝。只惜投錯師門，才使他得到鴦掘摩羅（維基百科譯爲央掘魔羅）這麼一個名字！鴦掘摩羅梵文名Angulimala，其中Anguli是手指之意，而mala是花環，後面會說清楚這名字爲什麼會跟他一輩子，直到死後。

伽瞿長大要學藝，就到舍衛城內一個夙負盛名的外道學者家當他的學生。這裡講的「外道」是指佛陀所說的教法之外，所傳眞理異於佛教的宗教組織。那個外道學者，有一個年輕貌美的妻子，偷偷地愛上了伽瞿。無奈，伽瞿是她丈夫的學生，她算是伽瞿的師母，雖然慾火燃起，卻苦無機會色誘這位年輕人。

終於等到了一天，確知丈夫已帶著許多學生出去，伽瞿卻被老師留守在家。師母見四下無人，便悄悄地走近了伽瞿，以風情萬種的姿態撩撥伽瞿，並毫不掩飾提出性愛的要求。伽瞿非常意外、也極爲難。他從未想到，會有這樣一位毫不顧倫理道德，又大膽無恥地提出要求的師母，當面拒絕了她。

慾火燒得正旺的師母，想當然爾抓狂。不但口中唸唸有詞地狂喊：「我恨你！我要毀滅你！要使你這個不解風情的蠢蛋，永遠得不到任何的女人。」接著，她回到了自己的臥室，算準時間，撕碎了身上的衣衫，用手爪忍痛地劃破了皮肉，披頭散髮，半裸著的胴體，以繩索懸頸，假裝被性侵後要自殺！

不一會兒丈夫回來，跨進臥室，目睹這驚心動魄的場面，連忙解開妻子的繩索，並探問原由。很顯然地，這精心策劃的局面導向一個結論：學生強暴師母，以致師母羞憤自殺！這外道學者當然忍無可忍，一定要教訓伽瞿一番。然而，他很明白伽瞿的武功，即使集全體五百個學生的武力，也不是伽瞿的對手。他想到了一個借刀殺人的詭計，把伽瞿叫到面前，指示他一個得道升天的法門。教他中午之前，持劍站在進出城門的大路口上，見人就殺，每殺一個人，便割取一隻手指骨，用線貫穿，戴在頭上；殺滿一千個人，穿夠一千隻手指，你就得道了，被殺的人也可升天了。

伽瞿聽了老師的話，疑雲重重，但是師母強加在他身上的罪，使得他鬼迷心竅，在鬼使神差下，居然大開殺戒，殺到九百九十九個人的時候，已經眼紅，連送飯來給他吃的媽媽，也差一點要一刀砍下去。幸好釋迦牟尼及時趕到，把他擋住，鴦掘摩羅不意發現竟然有一個替死的沙門，便毫不猶疑地砍下去。但是佛陀那種緩慢地蓮花移步的走法，居然使他那快過馬跑的腳程無法趕得上。於是，鴦掘摩羅在追得氣喘如牛後發火了，面露凶光。這時，佛陀說話了，教他醒一醒，因為不停止殘殺的心，永遠追不上他。佛陀說他自己從很久以前，就停止了殘忍的心。

鴦掘摩羅畢竟有慧根，聽了佛陀的話，又瞻仰了佛陀的威儀後，竟然扔了劍，像迷路的兒童見到母親一般，痛哭流涕地拜倒在佛陀的足下，請求恕罪，並當下皈依為佛弟子。此時正好波斯匿王召集軍隊，欲討伐殺人無數的鴦掘摩羅，但波斯匿王也沒有必勝的把握，於是先來請示釋迦牟尼佛。佛陀此時將已懺悔並出家的鴦掘摩羅指給波斯匿王看，這場面當下感動了所有的人。鴦掘摩羅悟道後，證得阿羅漢果。

這經典又感人的故事，不僅記錄在《雜阿含經》及《增一阿含經》，在印度，還有保存著鴦掘摩羅洞或鴦掘摩羅紀念塔，在星雲大師編著的《佛光教科書五：宗派概論》裡，第三十五頁有清晰的圖片顯示。[3]這鴦掘摩羅洞或紀念塔，是他遇見佛陀得道以及圓寂後火化之處。

殺人魔放下屠刀後，爲什麼沒有立地成佛？

「放下屠刀，立地成佛」是勸人改過向善最經典、也最鏗鏘有力的一句話，但是，製造話題的主角鴦掘摩羅，卻沒有像典故說的放下屠刀後，立地成佛！爲什麼有這樣的落差？

就像我們念書，從幼稚園、小學、中學、大學，有的還念到碩士或博士學位，佛教講求修行，有情衆生修行後的成果，也有等級之分。後者形成佛教的十法界，分別指：佛、菩薩、緣覺、聲聞、天、人、阿修羅、畜生、餓鬼和地獄。前四者稱之爲四聖，或聖賢四界；後六者稱爲六凡，或凡夫六界。合起來，稱爲四聖六凡或六凡四聖。

在進一步講四聖六凡前，必須先弄清楚緣覺和聲聞這兩個大家比較陌生的字。如果讀者覺得煩瑣，可以跳過這兩段。緣覺是觀修因緣法，例如十二因緣法，而成就辟支佛果的人。十二因緣法是佛陀證悟，從「無明」到「老死」、過去世到未來世，這一連串過程的十二個環節。十二因緣法包括：無明、行、識、名色、六處、觸、受、愛、取、有、生、老死。緣覺證得的辟支佛，梵語是Pratyeka-buddha，意譯爲獨覺，是因生在無佛之世，或性好寂靜或行頭陀的修行者，沒有聽聞佛陀的佛法而獨自以因緣觀智慧，進而無師自悟證果。這類聖人無法教導其它衆生佛法，斷他們的煩惱，但可以不受三界生死輪迴之苦。

聲聞的梵文是 Śrāvaka，是以佛陀爲師，遵從佛陀的言傳身教，持戒修行證得沙門果的人。沙門梵文是 Śramaṇa，源於古印度，泛指出家、苦行、禁慾，以乞食爲生的宗教人士，後爲佛教所沿用，成爲佛教男性出家衆（比丘）的代名詞，略同於漢傳佛教中的和尚。而沙門果出於《雜阿含經》。其中，須陀洹、斯陀含、阿那含及阿羅漢，四者稱四沙門果，代表修行的四個階段所成就的四果位。四沙門果也代表三無漏學（戒、定、慧）圓滿的結局，其中須陀洹與斯陀含代表戒的圓滿，阿那含代表定的圓滿，阿羅漢代表慧的圓滿。緣覺和聲聞合稱「聲聞乘」，大乘佛教習慣地把小乘定位止於「聲聞乘」。

回到十法界成就最高的四聖：佛界當然是佛教徒修行的最高境界，不僅萬行具足，也要悲智圓滿；菩薩界講究慈悲爲懷，能做到自覺覺他的法則；緣覺界能悟眞空之境，做到清淨解脫，不能斷他人煩惱；聲聞界就是阿羅漢，以聲聞修四聖諦之法則，證眞空之境界，並圓戒、定、慧三無漏學。

凡夫六界中的天，稍微比較複雜一點，可以分爲三個層次：如果是空無一切，無欲無喜樂的，就是無色界天；如果有喜樂仍捨得的，就是色界天；如果還享受五欲妙樂的，就是欲界天。[4]如果還有善念，能持守五戒、苦樂夾雜的，就是人；如果好勇鬥狠，就是阿修羅；如果一味愚癡，就是畜生；如果貪婪不改，就變成餓鬼；如果作惡多端，不知悔改，當然就要下地獄了。

這樣的分層、分級，不是絕對的。例如天台宗講「一念三千」，就有「十界互具」的涵意。天台宗大師智顗認爲佛界至地獄界等十界，互相具備其他境界的存在。在《天台傳佛心印記》，懷則也說：「善惡不出十界，十界性融互具成百界，界十如則成千如……。如此三千現前一念修惡之心。」[5]

言歸正傳，鴦掘摩羅放下屠刀後，並沒有立地成佛，最後證得阿羅漢果。從本節前面幾段的分析，一點都不冤枉鴦掘摩羅。如果輕易地就立地成佛，對長年修行且道行高深，甚至於博施濟衆、感化無數人的高僧，豈不是不公平。只因「放下屠刀，立地成佛」是勸人改過向善最簡短有力的句子，自然地，就一直沿用到今天。如果正確地使用「放下屠刀，立地成阿羅漢」，其效果恐怕像本書第一章所說「觀世音」的翻譯，如果比照早期剛傳入中國時的梵語「Avalokiteśvara」音譯「阿婆盧吉低舍婆羅」，大概沒有多少人能朗朗上口並認眞地拜這位後來紅透亞洲半邊天的「觀世音菩薩」了！

任憑弱水三千，我們只能取一瓢飲

俗話說：「一入佛門深似海，從此紅塵是路人。」佛學經義浩瀚，一般人要非常深入地了解，實在不容易，這令我想到「任憑弱水三千，我只取一瓢飲。」這句典故。

許多淺而湍急的河流，在古時不能用舟船只能用皮筏渡過，古人將這羸弱而不能載舟的水，稱之爲弱水。後來弱水這名稱的使用就氾濫了。蘇軾在《金山妙高臺》中，提到：「蓬萊不可到，弱水三萬里。」這裡的弱水，可能指遙遠的河流。[6]《紅樓夢・第九十一回》中記載寶玉呆了半晌，忽然大笑道：「任憑弱水三千，我只取一瓢飲。」意思應是指弱水雖然有三千里之多，但我只取一瓢來喝。此處弱水指愛河或情海的水再多，我也只取其中之一，那當然是林黛玉。

有一個和佛祖相關的故事，說佛祖在菩提樹下問一人：「你有錢、有勢、有一個疼愛自己的妻子，你爲什麼還不快樂呢？」此人回答：「正因爲如此，我才不知道該如何取捨。」佛祖笑一笑說：「我給你講一個故事吧。有一天，一名遊客口渴即將死，我可憐他，給他一湖的水，但這個人滴水未進。我好奇地問他，他竟然答道：『湖水那麼多，而我的肚子又這麼小，既然一口不能將它喝完，那麼不如一口都不喝。』」講到這裡，佛祖露出了笑容，對那個不開心的人說：「記住，你一生中可能會遇到很多美好的東西，但只要好好地把握住其中的一樣就夠了。弱水有三千，只需取一瓢飲。」[7]

雖然禪宗六祖惠能提示我們：「佛法在世間，不離世間覺；離世覓菩提，恰如求兔角」。菩提達摩祖師也揭示「直指人心，見性成佛」。看起來在我們生活的世間，很容易就可以獲得佛法。不過，無論是達摩祖師或六祖惠能，都是不世出的奇葩，六祖更是禪宗「頓悟」門派的開山祖師。一般人「頓悟」學不來，不能很快證得佛祖的「一瓢飲」，只好像惠能的師兄神秀一般地「漸悟」，也就是按部就班，一步一步來。

佛學有三藏十二部，「三藏」，就是經藏、律藏、論藏。「十二部」是佛教經典的體裁，分爲十二部，即：長行、重頌、孤起、譬喻、因緣、無問自說、本生、本事、未曾有、方廣、論議、授記。[8]若按星雲大師說法，十二部是：契經、應頌、記別、諷頌、自說、因緣、譬喻，本事、本生、方廣、希有、論議。[9]雖然用的名稱略有出入，但是內容則涵蓋佛陀的教法。

佛教經典有多少，根據星雲大師著的佛教史，提到唐代智昇所編《開元釋教錄》，列舉自東漢明帝永平十年（西元六十七年）至唐代開元十八年（西元七三一年），凡六六四年間，一七六名譯經僧所譯大小乘經律論，共計二千二百七十八部七千零四十六卷。其中最後兩卷爲大、小乘的入藏目錄，總計入藏經典一千零七十六部五千零四十八卷，歷來所謂「一切經五千餘卷」的稱呼據說出於此。[10]梁啓超在《說佛》一書提到：「倘若有人問佛教經典全藏八千卷，能用一句話包括嗎？我便一點不遲疑答道：『無我我所。』再省略也可以僅答兩個字：『無我。』」[11]

無論是五千餘卷或八千卷，雖然數字有出入，但是都表達一個重點，就是佛教經典量體驚人。依據不同經典解讀佛陀旨意，所衍生出來的宗派，數量也多過任何其他知名宗教如基督教或伊斯蘭教，單在中國，就有十大宗派，包括俱舍宗、成實宗、天台宗、三論宗、律宗、淨土宗、法相宗、禪宗、華嚴宗、密宗（眞言宗）。[3]每一宗派都根據某一本或某幾本佛教經義，形成自己的一套理論基礎。

以華嚴宗爲例，它係依據《華嚴經》而立名。根據宣化上人講述的「大方廣佛華嚴經淺釋」[12]，《華嚴經》上本有多少品呢？有一四天下微塵數品。所謂「一四天下」，「一」就是一個須彌山，「四」就是四大部洲（東勝神洲、南贍部洲、西牛賀洲、北俱盧洲）。中本有四十九萬八千八百偈，有一千二百品那麼多。下本有十萬偈頌，四十八品。其中，傳到中國的有八十卷，三十九品，還有九品沒有傳到中國。單看上述數字就很嚇人，海雲繼夢法師在《華嚴經導讀（一）》[13]引用《大乘起信論》這比較平易近人論藏，講解一心生二門，雖然聽得懂，但是知易行難！

海雲法師說：「一心」就是「一個法界心」，即「本體」；由這個本體演變出兩門，一曰眞如門，一曰生滅門。眞如門就演變出「不變隨緣」、「隨緣不變」兩部分；生滅門則分「不覺」、「覺」兩個。不覺如何能覺？這就涉及到三覺五位。三覺即本覺、始覺、究竟覺；其中始覺又分有不覺、相似覺、隨分覺，合爲本覺、不覺、相似覺、隨分覺、究竟覺五位，這五位是修行的五大段落。[13]

從上兩段的敘述，就不難發現大乘佛教的教理，可以複雜到什麼程度。再從台灣信衆最多、以往生極樂淨土爲目的的淨土宗爲例，其淨土思想乃依據《無量壽經》、《阿彌陀經》、《觀無量壽佛經》三經及《往生論》一論，構成所謂的「三經一論」，成爲淨土宗成立的重要經典依據。淨土宗的行持以念佛爲主，一般可分爲四種念佛法，即：持名念佛、觀像念佛、觀想念佛及實相念佛。[3]其中以持名念佛最爲普遍，但是要精通教理，則不是單純嘴巴念一念佛就可以。此外，持名念佛及往生西方極樂淨土，究竟是否禮佛的終極目標，仍有討論的空間，後面章節會深入探討。

《紅樓夢》中的賈寶玉，他的「一瓢飲」目標很明確，就是林黛玉！一般人習佛的「一瓢飲」，究竟爲何，恐怕難一言以蔽之，筆者在第八章嘗試提供個人看法供參考！

逾越大、小乘的自度與普渡

佛教的「乘」，字義就是搭載人的車，在古代，當然是馬車或牛車。小乘只能搭載一兩人，大乘搭載的人就比較多。佛教的「乘」，當然已經超脫凡俗搭載人的車，而是運載衆生從生離死別的苦難，渡到涅槃極樂的彼岸。

李叔同在《李叔同說佛》一書中說到：「因舊日習慣，惟尙做水陸誦經拜懺放燄口等。今遽廢此習慣，改爲念佛，非易事也。印光老法師文鈔中，屢言念佛勝於水陸經懺等。」[14]「放燄口」的字意及用法，前面一章已經說過，水陸經懺則指的是水陸法會。

水陸法會是漢傳佛教最盛大、隆重的法會。印光大師在《水陸儀軌》中開示：「水陸之利益非言所宣……當人業消智朗，障盡福崇，先亡咸生淨土，所求無不遂意，並令歷劫怨親，法界含識，同沐三寶恩光，共結菩提緣種。」[15]指出水陸法會具有殊勝的大功德。原因在水陸廣設十壇，每一壇就是一堂佛事，並以無遮（即沒有分別）施食爲基礎，集「消災、普度、上供、下施」諸多功德於一法會。水陸法會有三特點：一，時間長，多則四十九天，最少也得三天；二，規模大，參加的僧人可多達千人，一般需要三兩百人，起碼不得少於七、八十人；三， 法事全，凡佛教各種常見法事無不包括在內，還要懸掛多則兩百餘幅，少則一百二十幅水陸畫。[15]由於規模宏大，所費不貲，因此在過去，法會多由朝廷發起爲宮中貴族親人超度儀式。現在，則由比較有規模的佛教團體爲消災祈福，保地方平安才啓動。

同一位印光大師，李叔同文中也提到念佛勝於水陸經懺，法鼓山引用的《水陸儀軌》文中則提到水陸法會的殊勝，這就涉及自度念佛與普渡法會功德的比較，甚至於小乘與大乘的優先順序。

屬於大乘淨土宗力倡的念佛，本身就是自度的行爲，也當然是小乘的作爲。在星雲大師著《佛光教科書4：佛教史》一書中，提到天台宗的「五時八教」，在「五時」中的方等時，「說《維摩》、《思益》、《楞伽》、《楞嚴》等經，並說藏通別圓四教，令小乘人恥小慕大」[10]。這「五時八教」的恥小慕大講法，自然地令人很困擾，似乎凡人修行非超脫小乘才可以到大乘的菩薩境界。但是下面一個活生生的例子，很值得我們省思大、小乘的界限，其實是很模糊的。

二○一八年六月二十三日泰國清萊省美塞縣發生十二名少年足球隊隊員和他們的教練失蹤，據報他們下雨前進入睡美人 Tham Luang 鐘乳石洞，此後一直沒有出來。洞內水道本就曲折，因雨季又充滿水，救援不易，泰國將消息公諸於世，國際救援行動隨即展開，直到九天後，即七月二日，英國潛水人員才發現這受困在幽暗、深遠的水道內部十三人全部都還存活，隨即啓動非常艱困的帶人潛水出洞計畫，直到受困十八天後最後一名受困者，也就是教練被救出後，救援計畫圓滿地完成，成功地創下十三人全部活著出來，只有一名救難人員不幸罹難的輝煌記錄。該受困事件中，曾有人批評教練艾卡波（Ekkapol Chantawong），說他不應在雨季來臨前帶隊進入泰緬邊界的睡美人洞。但華盛頓郵報報導，對許多泰國人來說，艾卡波幾乎就是上天派來保護那十二名少年的人！華盛頓郵報的說法，等於認同艾卡波的菩薩行爲。

艾卡波被救出後，是受困者中最虛弱的幾個人之一，原因是在受困初期，他把有限的食物和水都分給少年隊員。他還教少年打坐，盡可能保存體力，直到被搜救人員找到。發生事件時艾卡波二十五歲，他的朋友說，他在十歲時父母去世，成爲孤兒，一度進入美塞縣一間廟宇當小沙彌，後來因爲要照顧生病的奶奶，離開寺院。過去幾年，他一邊在廟宇任職，一邊協助成立野豬足球隊。許多足球隊員來自貧戶或無國籍少數族裔，讓他覺得感同身受，朋友說他不抽菸、不喝酒，爲人和善，也教少年們以他爲榜樣。16

少年足球隊的事件，發生在以佛教爲國教的泰國，艾卡波如同其他泰國男子。一生至少須經過一次剃度出家，才算擁有完整的人格。[10]而且以南傳上座部佛教*為主要信仰，教義較單純，沒有像大乘佛教一般，把釋迦牟尼看作是一個法力無邊、全知全能的佛。一九五〇年召開的佛教大會，明確地規定對南傳佛教的稱呼，無論在西方或東方，一律使用上座部（Theravada）而不使用小乘（Hinayana）。在大乘經典裡，也明確的指出「聲聞乘」，在上座部或大乘佛教裡，對這三乘之一的「聲聞乘」的解釋都是一致的。[17]

雖然大乘佛教習慣把小乘止於「聲聞乘」，但是艾卡波就是國際公認的活生生的菩薩！上座部佛教的世界，比我們想的還寬廣。

---

*佛陀入滅百年後，佛弟子對教義的解釋及戒律的行持，爭議不斷，儘管阿育王介入協調，僧團仍決裂成「上座部」及「大眾部」兩派，這是佛教的根本分裂。根據南傳佛教的高僧—佛使尊者的說法，上座部佛教只談緣起、無常、苦、無我，不作興談空；從「大眾部」衍生的大乘佛教興起，才提出我空及其他教理。[18]筆者認為上座部佛教比較貼近佛陀原始教義，「大眾部」及大乘佛教則是後人把佛教發揚光大衍生的教派。

天人何苦來交戰？西方、天堂就在人間！

「天人交戰」是一般人常會陷入的困境，意指天理和私欲在內心發生衝突。中國人自古相信上天是大公無私的，在很多場合，會碰到私欲和天理在內心糾葛交戰的情形，最有名的例子之一，當屬《資治通鑑》所記載東漢人楊震的故事。

楊震知識淵博，但是直到五十多歲後，才踏上仕途，先後擔任荊州刺史和東萊太守。在擔任東萊郡太守赴任的時候，途經昌邑，縣令王密是他從前舉薦的秀才。夜裏，王密揣著十斤黃金來送給楊震，想回報師長也順便巴結他。楊震嚴正拒絕，王密說：「半夜三更的，不會有人知道。」楊震正色道：「天知、地知、你知、我知，怎麼能說沒有人知道？」王密聽了，一臉慚愧、無奈，只好拿著黃金走了。後來楊震又調任涿郡太守。一輩子爲官公正清廉，子孫們生活簡樸，朋友們勸他爲子孫置產，楊震不肯。他笑著說：「讓我的後代被人稱爲清官的子孫，並把這當作遺產留下來，不是很豐厚嗎？」

一般人碰到楊震這樣的事，會陷入「天人交戰」的困境，主要無法擺脫「貪、嗔、痴、慢、疑」這佛教講的五毒，尤其五毒之首的貪。五毒不清，不僅會經常陷入「天人交戰」

的困境，也無法擺脫「無明」煩惱！楊震已經做到無「無明」，篤定符合成佛的條件了。

國人常說：「公道自在人心」，這公道其實就是天道。天上、人間到底距離多遠？《六祖壇經》裡記錄韋刺史問六祖惠能一個問題：「弟子常見僧俗念阿彌陀佛，願生西方。請和尚說，得生彼否，願爲破疑。」，惠能回答：「世尊（佛陀）在舍衛城中，說西方引化經文，分明去此不遠。若論相說，里數有十萬八千，即身中十惡八邪便是！說遠，爲其下根；說近。爲其上智！」這分明地表示，無論是俗稱的老天，或極樂世界所在的西方，不在十萬八千里之外的地方。如果眞的相信有這麼遙遠，就是中十惡八邪！無論是老天或西天，其實就在我們生活的地方，不要一昧地妄求遙遠未知的地方。

更妙的是，惠能還說：「東方人造罪，念佛求生西方。西方人造罪，念佛求生何國？」最後教訓一下我們：「凡愚不了自性，不識身中淨土，願東願西！」實在是一代大師的警世良言！不能不令人佩服得五體投地。

星雲大師的母親，曾經到佛光山，面對台下兩萬多名群眾，侃侃而談地說：「佛光山就是極樂世界，天堂就在人間，要靠大師好好接引大家，希望大家在佛光山得道。大家對我這麼好，我老太婆沒有東西送給你們，我只有把我的兒子送給大家。」[19]

現場響起如雷掌聲！大師的母親，本身造詣非凡，卻謙沖爲懷。更難得的是，她指出「佛光山就是極樂世界，天堂就在人間」，不要捨近求遠，只要群衆跟著她「送給大家」的兒子—星雲大師好好學，就可以成道。慈母兼最佳推銷員，委實難能可貴！

最能體現天上、人間一家親的，莫過於《西遊記》了！孫悟空在《西遊記》裡上天、下海，瞬間如入無人之境，有難時找玉皇大帝或如來佛解決，沒有距離，時間也不是問題，眞令人羨慕！

「心猿意馬」不限於孫悟空，「徬徨、漂泊」不止是荷蘭人

身為一般人，我們常會碰到舉棋不定的時候，這令筆者想到「心猿意馬」這四個字，追查下去，居然發現和《西遊記》以及佛教有關。當然，我們也會有徬徨或漂泊的時候，這時就會想到華格納的著名歌劇《徬徨的荷蘭人》，用愛感化天神，終止徬徨或漂泊。

《西遊記》裡，吳承恩不時把「心猿」兩個字放在章回題目中，在書裡「心猿」指的當然是孫悟空，例如在第四十六回，題目是「外道弄強欺正法 心猿顯聖滅諸邪」。為什麼要反覆用「心猿」，而不直接點明孫悟空或齊天大聖？除了「心猿」只有兩個字，比較好用，應該還有其他意思，否則「悟空」也是兩個字，也足以表達他想用的措詞。

前面說過，吳承恩的佛學造詣非常深厚。心猿意馬其實是佛教典故，在《維摩詰經》講經文卷二中，提到：「卓定深沉莫測量，心猿意馬罷顛狂。」這四個字後來就變成形容衆生心意不定，不能自持。關漢卿《望江亭》第一折：「俺從今把心猿意馬緊牢栓，

將繁華不掛眼。」20

孫悟空碰到的邪魔外道，絕非等閒之輩。出招制敵，難免有時黔驢技窮。此時最須要隨機應變，在這當口，有時不免心猿意馬。大概吳承恩想表達的，是這些邪魔外道，都源自於心，就是心魔罩住我們常人的思維。只要能克服心魔，舉棋堅定，就可以無堅不摧！

廣義地說「心猿」何止是孫悟空，凡夫俗子都多多少少會有「苦」難言、舉棋不定的時刻，這裡的「苦」當然是佛陀提示的苦。之前的章節，已經提到過，人活著的時候，很多原因會造成苦，也有很多難關要過。因此，多數人盼望死後可以獲得解脫，不再繼續受苦。這樣的問題有答案嗎？

有一名叫做志道的僧問六祖：「一切衆生皆有二身。謂色身法身也。色身無常。有生有滅。法身有常。無知無覺。經云。生滅滅已。寂滅爲樂者。不審何身寂滅。何身受樂。若色身者。色身滅時。四大分散。全然是苦。苦。不可言樂。若法身寂滅。即同草木瓦石。誰當受樂。」《六祖壇經．機緣第七》

在解釋上述話之前，先瞭解大乘佛教理論中佛具有的三種身：應身、報身及法身。應身又叫做變化身或化身，是諸佛爲度化衆生，暫時出現世間的色身或肉身。報身又叫做受用身，是諸佛所修功德圓滿之色身，常居色界天。法身又叫做自性身，乃佛果所證最清淨法界，不生不滅，無二無別，常住湛然。所以志道才會問：既然色身無常，有生有滅，一旦寂滅，如四大分散，全然是苦，何樂之有？法身可以長存，但是無知無覺，如同草木瓦石，寂滅後怎麼樂得起來？這問題其實也是包括筆者在內，一般人都難以想通的問題。

六祖直指志道未能體會佛祖的「涅槃眞樂」，才會陷入這迷思。關於「涅槃」，後面章節會提到，此處暫不深入探討。六祖的回答，不一定盡符合志道的心意，也不一定能解決他的「苦」，當然也無法化解我們的迷思，只好繼續追尋下去。

造成衆生痛「苦」的情境很多，其中之一是徬徨或漂泊的感覺。最具代表性的，莫過於德國知名作曲家理察．華格納所譜寫的歌劇《徬徨的荷蘭人》，此劇德語原名是 Der Fliegende Holländer（英語：The Flying Dutchman），若直譯是飛行的荷蘭人。但劇情描述一個因觸怒天神，中了魔鬼詛咒的荷蘭船長，必須在海上漂流、航行多年，直到有女子眞誠的愛出現才能獲得解脫。這荷蘭船長最終尋得眞愛，並獲得上天的救贖。所以意譯《徬徨的荷蘭人》或《漂泊的荷蘭人》，都比較達意。此劇於西元一八四三年由華格納本人親自擔任指揮，在德國德勒斯登的森柏歌劇院首演。此後成爲華格納的經典名劇，雖然劇情有點沉重，但是寓意人生的徬徨或漂泊，須要眞愛化解，也因此確實能擄獲世人的心。

筆者認爲無論猶太教、基督教或伊斯蘭教，他們的教義和經典，都相當地單刀直入，直指人心，愛憎分明。而且歐洲文藝復興之後，基督教聖母與聖嬰所傳達的愛，更深入人心。華格納歌劇的劇力萬鈞，背後有強烈的宗教意涵！眞愛可以是神，或至少是祂祝福的有情人。

雖然禪宗菩提達摩祖師也揭示「直指人心，見性成佛」，佛也具有三種身示現，關懷世人。但是，一般說來，儒釋道信仰所揭示的「愛」，確實非常含蓄，甚至於成佛也要努力修行過十關方可行！筆者感嘆徬徨的何止是信奉耶穌基督的荷蘭人？儒釋道之子也有徬徨或漂泊造成的苦。所以，我們不僅要克服「無常」、「無我」和「無明」。我們也需要「愛」，需要多一點溫暖，這正是下一章要探討的課題。

第五章參考文獻：

1. 《聖者的故事四、鴦掘摩羅》，聖嚴法師著，原文網址 https：//www.a-mita.com.tw/libe/default/I002-4.html
2. 維基百科：央掘魔羅，原文網址 https：//zh.wikipedia.org/zh-tw/ 央掘魔羅，本頁面最後修訂於二〇一八年七月七日，13 : 12
3. 《佛光教科書五：宗派概論》，佛光星雲編著，佛光文化事業有限公司出版，一九九九年十月初版。
4. 《佛法新論：正解佛陀的法義》，鄭振煌著，大千出版社出版，二〇一五年三月初版。
5. 維基百科：「十界」，本頁面最後修訂於二〇一八年九月二十六日，11 : 42。
6. 弱水三千（漢語詞彙）_ 百度百科，原文網址 https：//baike.baidu.com/item/ 弱水三千 /683
7. 弱水三千，只取一瓢飲 @ 勤學佛堂 :: 痞客邦 ::，原文網址 https：//chrischao421953.pixnet.net/blog/post/213477956
8. 何謂三藏十二部？—法界佛教總會，原文網址 https：//www.drbachinese.org/online_reading/dharma_talks/volume4/volume4_74.htm
9. 星雲大師：「佛學的組織法」，第一篇三藏十二部，原文網址 https：//www.masterhsingyun.org/ArticleContentServlet?bookid...ch=19&se=1
10. 《佛光教科書 4：佛教史》，佛光星雲著，佛光山宗務委員會出版，一九九九年十月初版。
11. 《說佛》，梁啓超著，海鴿文化出版圖書有限公司出版，二〇一一年一月一日，二版 1 刷。
12. 宣化上人講述：「大方廣佛華嚴經淺釋」，原文網址 https：//www.drbachinese.org/online_reading/sutra_explanation/Ava/contents.htm。
13. 《華嚴經導讀 1》，海雲繼夢著，空庭書苑有限公司出版，二〇〇九年一月，一版 2 刷。
14. 《李叔同說佛》，李叔同著，八方出版股份有限公司出版，二〇一〇年六月，初版 4 刷。

15. 水陸典藏—法鼓山大悲心水陸法會，原文網址https：//shuilu.ddm.org.tw/magazine.php
16. 「25歲泰國受困教練曾是小沙彌，他如何帶12少年活下來？」2018-07-09 10：55《聯合報》記者馮克芸／即時報導
17. 維基百科：「上座部佛教」，本頁面最後修訂於二〇一八年九月八日，03：12。
18. 《不出世的奇葩：南傳佛教第一人，佛使尊者》，鄭振煌居士著，大千出版社出版，民國一〇二年十一月初版。
19. 《成就的密訣：金剛經》，星雲大師著，有鹿文化事業有限公司出版，二〇一七年十月十六日，初版58刷。
20. 心猿意馬—教育部重編國語辭典修訂本，原文網址https：//dict.revised.moe.edu.tw/cgi-bin/cbdic/gsweb.cgi?o=dcbdic&searchid...

第六章 當佛祖也聽古典音樂時……

多數人認識的佛教，是從念誦「南無阿彌陀佛」這六個字開始。這原本用來達成轉生西方極樂世界的誦詞，信徒也因爲接觸旋律、曲調單調，用詞又偏生冷的《佛說阿彌陀經》，難免以爲佛教就是這麼生硬的。

其實，佛陀親說的四阿含經，是相當平易近人的。除了經義可以更大眾化，佛教世界也比較欠缺包裝，包括我們熟知的基督教聖母與聖嬰的故事，和西方世界應用古典音樂讚頌天主的事跡，也因此讓我們比較感受不到溫暖。而佛經裡一些較不可思議的數字或字眼，也拉開我們與佛祖的距離。

念誦「南無阿彌陀佛」的由來

念誦「南無阿彌陀佛」六字來達到轉生西方極樂世界的目的，乃東晉僧慧遠（西元三三四——四一六年）所倡導，他是中國淨土宗初祖及廬山白蓮社創始者。據云當時慧遠念誦「南無阿彌陀佛」非純粹稱名往生，乃藉稱名而便於觀想，爲專注思惟而念佛。後歷經南北朝時代曇鸞、北齊武成帝時代道綽至唐朝高僧善導鼓吹，形成『念佛往生』的漢傳佛教傳統。

在《大方廣佛華嚴經淺釋》裡，宣化上人特別提到：「小乘的教理中，他們認爲只有釋迦牟尼佛一位佛，不承認另有其他的佛。」[1]在《金剛經說什麼？》書中，南懷瑾先生提到：「今天佛教經常唸南無阿彌陀佛，我眞替佛打抱不平，唸阿彌陀佛之前，應該唸南無本師釋迦牟尼佛才是；因爲釋迦牟尼佛是介紹人嘛！阿彌陀佛是釋迦牟尼佛介紹來的，現在你只唸阿彌陀佛，自己的老師本師釋迦牟尼佛都不管，豈不是白給你介紹了嗎？……。西方極樂世界是有阿彌陀佛，是佛說出來的，教你這樣修。因此，你想修成功，不拜本師釋迦牟尼佛的話，我告訴你，那是修不成就的。要成就，人不可以忘本，更何況修佛法！」[2]

我特別保留南懷瑾先生這段冗長的話，因爲信仰問題最容易人云亦云，最後淪爲不知所云！南懷瑾先生的說法，佛教徒不一定認同。前面提到佛陀生前不立文字，在他滅度後，大迦葉邀集五百位有德有學的上座比丘，前往王舍城附近毗婆羅山的七葉窟從事結集經典的事宜。多聞第一的阿難負責誦出經（法）藏。阿難根據佛陀在不同時間、地點，對不同衆生所說的教法，宣說：「我是聽佛陀這樣說的。」這就是經典開頭首句「如是我聞」的由來。阿難和其他上座比丘合誦出來的法，就是流傳後世的《阿含經》。[3]四阿含經是佛陀親說的經典，也是原始佛教的小乘教典，當然也是大乘思想緣起的重要依據。當時是沒有《佛說阿彌陀經》及阿彌陀佛的。

阿彌陀佛（梵語：Amitābha），意爲無量光佛或無量壽佛，在大乘佛教信仰中，他是西方極樂世界的教主。雖然淨土宗以專心信仰阿彌陀佛爲其主要特色，大乘佛教其他各宗派也普遍接受阿彌陀佛，成爲漢傳佛教中的信仰主流之一。根據宣化上人的說法，阿彌陀佛是觀世音菩薩、大勢至菩薩的師父，他在往昔還沒成佛以前，有一世做一個法藏比丘，那時他就發了四十八個大願，每一願都是接引衆生到極樂世界去成佛。其中有一個願說：「我將來成佛時，我的世界只有男人，沒有女人。」。[1]

南無阿彌陀佛（梵語：Namo Amitābha）的字首「南無」就是皈依、禮敬的意思。漢語「阿彌陀佛」則主要源自於《佛說阿彌陀經》中「其土有佛，號阿彌陀」。雖然玄奘本中多稱呼「阿彌陀佛」爲「無量壽佛（Amitāyus）」，但是在鳩摩羅什翻譯《佛說阿彌陀經》時，將「無量壽佛」、「無量光佛（Amitābha）」二合爲一，爲「阿彌陀佛」之後，「阿彌陀佛」從此在中土生根，流傳至今。但是在現代學者穆勒（F. Max Muller）收集的梵本的《阿彌陀經》中，並沒有將「無量壽」、「無量光」二合一，成爲「阿彌陀佛」。[4]

另外，根據中華佛學研究所徐立強「梁皇懺」初探中，提到梁武帝製作的「梁皇懺」，其禮拜諸佛的順序，是先念「敬禮世間大慈悲父」或「歸依世間大慈悲父」，接著便是禮拜「南無彌勒佛」，其次禮拜「南無本師釋迦牟尼佛」，之後才是其他諸佛。「梁皇懺」與隋代的《方等三昧行法》、《法華三昧懺儀》一樣，文中都沒有「阿彌陀佛」的名號，不過在第七卷的禮佛儀式中有「無量壽佛」的名號。[5]

雖然較早之中土佛教，或西方國家及南傳上座部佛教沒有「阿彌陀佛」，但是「南無阿彌陀佛」在漢傳佛教國家的落地生根，已經是不爭的事實。

「南無阿彌陀佛」怎麼唸？唸多久？

漢傳佛教盛行念「南無阿彌陀佛」，爲求往生「無量壽」、「無量光」的西方極樂世界。這和基督教徒求耶穌基督幫忙往生天國如出一轍。伊利亞德在《聖與俗：宗教的本質》一書中，提到：「至於死亡，則因它不只是『自然現象』（意指生命或靈魂的離開肉體），還因它同時是本體論的和社會狀態的改變，而更顯得複雜：亡者必須經歷某種有關他自己來世命運的痛苦考驗，而且他也必須被亡者團體所認定，並被他們所接納。」[6]

在《孟子．離婁下》，孟子說：「養生者不足以當大事，惟送死可以當大事。」《論語．爲政》，孔子說：「生事之以禮；死葬之以禮，祭之以禮。」雖然孔孟時代沒有特定的宗教，對親人的死亡，非常重視，必須厚葬才算盡孝道。儒家始作俑，佛道承其後，沒有多少人敢攖其鋒。眞華長老爲法遵比丘尼的著作《滅苦之道》寫的序中表示，雖然他非常同意作者很多超凡的見解，但是他也說：「我現今已是八十出頭的老人，不可能盡棄往昔所學，改弦更張，重新來過。所以我仍念我的阿彌陀佛，求生西方極樂世界。」[7]

既然念誦「南無阿彌陀佛」，可以往生兼具「無量壽」、「無量光」的西方極樂世界，當然是多多益善。在筆者的母親於二〇一六年底重病時，一位篤信佛教的近親，帶來小小的收錄音機，好心地放在她耳邊，不停地播放單調的「南無阿彌陀佛」。沒想到家母還不想死，一手將收錄音機撥開。事後她又多活了兩年，直到最近才安然離開人世。

如果一般人念誦的「南無阿彌陀佛」，其旋律和曲調，可以像很多古典音樂那般優美，不管念多久，大概沒有人會排斥。但很遺憾的是，我們接觸的多是大提琴家張正傑為許遠東抱屈的音律單調、二十四小時不停的「南無阿彌陀佛」，這就讓我們好奇，真的有必要這樣做嗎？

《金剛經》第二十六品記載，世尊（也就是佛祖）要須菩提知道，不應以三十二相觀如來，並且說偈言：「若以色見我，以音聲求我，是人行邪道，不能見如來」若按照這說法，念誦「南無阿彌陀佛」，求往生西方極樂世界，就是以音聲求如來，如來是不會接受的。金剛經裡還有四句重要的偈，佛告須菩提：「凡所有相，皆是虛妄，若見諸相非相，則見如來。」按照這標準，念誦「南無阿彌陀佛」也是著相，要摒除著相，才能見如來。

前一章提到刺史問六祖惠能，常見僧俗念阿彌陀佛，願生西方。惠能特別說：「凡愚不了自性，不識身中淨土，願東願西！」，其實他還說：「所以佛言，隨所住處恆安樂。使君心地但無不善，西方去此不遙。若懷不善之心，念佛往生難到。」、「使君但行十善，何須更願往生。」

就如同伊利亞德所說，對於多數人，死亡不是單純的「自然現象」，不管我們在乎不在乎來世命運的痛苦考驗，我們還是要顧及社會團體的制約。我母親在二〇一八年的十一月八日在家過世，我以簡化的佛教儀式完成她的身後事，但一如眞華長老的說法「八十出頭的老人，不可能盡棄往昔所學，改弦更張」，我接受的傳統禮教，不可能一夕之間改變，所以仍給她聽不停播放的「南無阿彌陀佛」。很幸運地，我們得到改良版的誦歌，不僅曲調優雅，還有間奏曲，以我挑剔的個性，我可以接受，我母親在天之靈也應該可以接受！

身爲儒釋道之子，我們似乎面臨「以音聲求我，……不能見如來」」及念誦「南無阿彌陀佛」，以求往生西方極樂世界之間，做一抉擇。至於「南無阿彌陀佛」怎麼唸？唸多久？又是另外一個問題。兩者都是不是我們凡夫俗子現階段可以解決，甚至於置喙的問題。

當佛祖也聽古典音樂時……

一般人進入寺廟，看到佛祖，多會肅然起敬。佛祖釋迦牟尼在成道前，是印度中北部的迦毗羅衛國（今尼泊爾南方）的王子，取名悉達多。成年後，娶耶輸陀羅爲妃，不久生下兒子羅睺羅。所以，他早年的生活和一般人沒有很大的分別。成道後的佛陀，有教無類，是很好的老師，當然也會有喜怒哀樂。在《增一阿含經》中，佛陀說有五種非人：應笑而不笑，應喜而不喜，應慈而不慈，聞惡而不改，聞善而不樂。[3]這正是佛陀有常人反應的寫照。

很不巧的是，被神格化的釋迦牟尼，有點不食人間煙火的感覺。但是，上述《增一阿含經》的說法，表示他生前也是有血有肉的人。在鈴木大拙所著禪學入門，他引述雨果的說法：「升上到神那裡的方法，就降下到自己裡頭。」。他也提出聖維克多的理查的說法：「如果你要挖掘神的深層東西，那就挖掘你自己的靈的深處。」[8]這些哲人的說法，無疑地要我們不要過度神化我們尊敬、禮拜的對象，其實他們和我們是「心有靈犀一點通」！

悉達多從小通達五明，也就是五藝，裡面包括「聲明」。「聲明」除了語言、文學外，應該還包含音樂。孔子作的《禮記．樂記》提到「凡音者，生於人心者也。樂者，通倫理者也。是故知聲而不知音者，禽獸是也；知音而不知樂者，衆庶是也。唯君子爲能知樂。……知樂則幾於禮矣。禮樂皆得，謂之有德。」音樂的重要性，由此可見。古印度當然有自己的音樂，以悉達多父親淨飯王的背景，對於天資聰穎的兒子，必然善盡教導，包括禮樂。

很可惜後來的一些規範，把佛陀和庶民越隔越遠，在音樂之外，還立了很多規矩。例如南朝梁武帝，是中國第一位以轉輪王理念治國的皇帝，他撰寫〈斷酒肉文〉，爲中國佛教僧侶素食戒律的開始，也讓一般人誤以爲佛教徒絕對不能吃肉。[9]但是在日本，鎌倉時代，由法然上人開始，獨創一宗（淨土眞宗）後，他的得意高徒親鸞上人，特別主張出家人可以娶妻食肉，認爲唯仗發揮信仰的願力，便可絕對得到佛力的加庇，往生西方極樂世界。[10]吃肉在南傳佛教國家及西藏人也不是禁忌。所以很多佛教規矩因人設事、因教派不同而制宜。前述念誦「南無阿彌陀佛」，就是典型的例子。

音樂雖然不在佛教規範的行列，也沒有特別倡導。以佛光山編著的《佛光教科書九：佛教問題探討》[11]爲例，在回答「各種儀禮必須要歌讚唱頌嗎？」這問題時，提到傳統習慣以唱「香讚」爲主；現代佛教活動日益多元，除了香讚以外，「三寶頌」最爲普遍流行，其歌詞如下：

南無佛陀耶，南無達摩耶，南無僧伽耶，南無佛法僧。
您是我們的救主，您是我們的眞理，您是我們的導師，您是我們的光明。
我皈依您，我信仰您，我尊敬您，南無佛陀耶，南無達摩耶，南無僧伽耶。

這令我們想到基督教或猶太教禮拜儀式中，讚美耶和華或讚美主所唱的「哈利路亞」（Hallelujah）。雖然有神聖的感覺，仍然令人覺得不夠親民。歐洲文藝復興所帶動的音樂與美術的大躍進，特別是古典音樂的興起，使更多人投入製作基督教或天主教的聖歌，並因而感化人心。一曲《平安夜》，在寒冬的夜裡吟唱，可以溫暖多少人的心窩。其歌詞第一段，就令人陶醉：

平安夜，聖善夜，萬暗中，光華射，
照著聖母也照著聖嬰，多少慈祥也多少天眞，靜享天賜安眠，靜享天賜安眠。

就算不是基督教或天主教教徒，唱著這首歌，也感覺很平靜、很祥和。舒伯特於一八二五年作的《聖母頌》（Ave Maria），更是令人百聽不厭、感動不已，感謝上蒼賜予人偉大的聖母，造就偉大的聖子。舒伯特作這首曲時才二十八歲，實在了不起！

如果佛祖活過中古世紀，有機會接觸古典音樂，以他的資質與涵養，他當然也不會排斥古典音樂！他可是佛教的聖嬰！他的媽媽當然是偉大的聖母，值得有舒伯特作的《聖母頌》歌詠！當然，我們也衷心期盼有佛教版的《平安夜》，唱遍世界，溫暖人心。

佛教也有聖母與聖嬰，我們可以用佛曆取代西曆嗎？

悉達多誕生七天後，他的生母摩耶夫人就往生了，無緣見到她兒子長大後，成為世人所景仰的宗教領袖。悉達多由姨母摩訶波闍波提夫人養育成人。摩訶波闍波提和她姊姊摩訶摩耶夫人一起嫁給淨飯王，姊妹同婚。姊姊走了，妹妹代母職，也克盡其職。

在佛陀證悟之後，摩訶波闍波提請求出家，成為僧團中的第一位比丘尼，並證悟為阿羅漢。故事還沒結束，據說釋迦牟尼在舍衛國祇樹給孤獨園時，有一天，囑託目犍連尊者前往迦毘羅衛城，代他問候他的父親淨飯王、姨母波闍波提，他的太太耶輸陀羅以及三叔父斛飯王等，然後請耶輸陀羅割捨母子間的恩愛親情，讓他兒子羅睺羅成為出家沙彌，隨他修習聖道。佛陀認為母子間的恩愛非常短暫，讓羅睺羅出家修道證果，可以度化母親，永遠滅除生老病死，離苦得樂，成就聖道。12、13

羅睺羅（Rāhula），意思是覆障。據佛典記載，羅睺羅出世時，當時身為太子的悉達多在花園裡踱步沉思，聽到孩子生下，悉達多很興奮，大喊：「羅睺羅誕生了。」（rahu jato, bandhanam jatam）。羅睺羅就是覆障，意即人生沒有障礙了，當然指的是他出家已無後顧之憂。淨飯王當時不一定清楚兒子的意思，但是孫子出生了，當然很高興，於是樂得將愛孫取名羅睺羅。14

羅睺羅生後不久，父親悉達多就出家，按照一般的倫理親情，這實在有點殘忍。我們不知道羅睺羅小時候怎麼過日子，他的母親耶輸陀羅在先生離家出走後，怎麼茹苦含辛帶這兒子？可以確定的是，這位資質優異的兒子，後來成了佛陀十大弟子之一，以持戒精嚴而聞名，故云密行第一。

悉達多的母親、姨母和他太太，都是了不起的女性，悉達多和他的兒子既然已經證道成佛、成阿羅漢，她們都是聖母，悉達多和他兒子則是佛教的聖嬰。只可惜佛教盛行的東方還沒有經歷真正的文藝復興，也缺乏它所帶動的音樂與美術的重大變革。

我母親身故火化的當天，我們看著葬儀社的工作人員撿骨，放進骨灰甕裡。我們甕上標的是中華民國一〇七年，日期是陰曆十月一日。與此同時，我注意到旁邊一個骨灰甕，標的生卒年月日是二五三〇年某月某日至二五六一年某月某日，一問之下，才知道骨灰甕裡裝的是一位泰國人的骨灰。

既然信奉基督教者，以耶穌基督的誕辰爲西元的紀元，則佛教創始人釋迦牟尼的生日或滅度（涅槃）日爲佛曆紀元也是合適的。但是，佛陀的生卒年，一直無法確定。北傳佛教根據漢譯《善見律毗婆娑》中「出律記」推斷爲西元前五六五—四八六年，南傳佛教則作西元前六二四—五四四年，或西元前六二三—五四三年。兩者數字有相當出入。

西元一九五〇年，首屆「世界佛教徒友誼會」在錫蘭首都可倫坡舉辦。會中定調佛陀誕生於西元前六二三年，成道於西元前五八八年，去世於西元前五四三年。一九五四年，該年會再於緬甸仰光舉行，會中決議佛教國家以「佛曆」紀元，並以釋迦牟尼涅槃年推算，西元一九五四年爲佛曆二四九七年。此曆法從此盛行於南亞和東南亞的佛教國家，如柬埔寨、泰國。所以，前述那位泰國人等於生於西元一九八七年，卒於二〇一八年，算是英年早逝。

在漢傳佛教國家，不以佛陀出生年爲紀元，因爲佛教不是國教，目前無統一規範。若按照《魏書》記載：佛陀以周昭王二十四年四月八日示現降生，穆王五十二年二月十五日示現入滅，則西曆二〇一八年爲中國佛曆三〇四五年，和前述二五六一年有很大出入。[15]

以佛曆紀元，對信奉佛教者，也許是其生卒年最好的記載方式，但佛教不是國教下，仍然難有一致的看法。至於佛教的聖母與聖嬰，則有待有心人士推動發揚，在音樂、藝術的層面上，可以更上一層樓。

再過五十六億年後，彌勒菩薩將會降生人間

拉開一般人和佛教及佛祖距離的，還包括佛經裡一些較不可思議的數字或字眼，這其中最著名的代表，就是笑口常開的彌勒佛了。

彌勒佛是一般佛教徒最感親切的神祇，正確稱呼應該是彌勒菩薩，因爲是釋迦牟尼佛的繼任者，尚未證道成佛。彌勒菩薩梵文Maitreya，意譯爲慈氏，有慈愛之意。彌勒菩薩將在未來娑婆世界降生成佛。在上座部佛教《小部．經集》的「彼岸道品」（波羅延品）中，帝須彌勒（Tissa-metteya）與阿耆多（Ajita，又譯爲阿逸多）是佛陀的兩位弟子。《中阿含經》記載佛陀授記他們兩位，一位成佛，一位成爲轉輪聖王。在大乘經典中，彌勒是姓，阿逸多是名，與上座部的傳說不同，可能是來自大衆部的傳說。

無論是上座部佛教或大乘佛教，彌勒菩薩毫無疑問地是釋迦牟尼佛的弟子及繼承人，常修行菩薩道，現住兜率天兜率內院修行、說法。根據《雜阿含經》，兜率天的天人壽命是四千歲，相當於人間五點七六億年，這是以萬萬爲億，如果以千萬爲億則有如《彌

勒上生經》中五十六億年這樣的記載，等時機成熟後，他將會繼承釋迦牟尼佛而降生人間。16

身為大乘佛教普遍膜拜的彌勒菩薩，「再過五十六億年後，將會降生人間」，實在超乎一般人的想像，為什麼會有這麼大的落差？這五十六億的數字怎麼來？

前述計算方式，略見印度人誇大的說法。如同梁啓超在《說佛》一書所云：「初期所譯，率無原本，但憑譯人背誦而已，此非譯師因陋就簡，蓋原本實未著諸竹帛也。《分別功德論》卷上云：「外國法師徒相傳以口授相付，不聽載文。茲事雖瑣末，然可證印度佛書，舊無寫本……大抵一、因古竹帛不便傳寫綦難，故如我國漢代傳經，接憑口說。二、含有宗教神秘的觀念，認書寫為瀆經，如羅馬舊教之禁寫舊約也。佛書何時始有寫本，此為學界未決之問題。」17

梁啓超還批評：「印人歷史觀念缺乏，至今竟無一完備之信史足為依據。……而其所輸入中國之教理，何故有種種異相，亦無由知其淵源所自。」18

佛教源自印度，絕大多數經書撰寫者的背景不清楚，其初時口傳的數字及文字，是否被記載的人誤植，也無從查起，雖然弘一大師在《李叔同說佛》一書中，提到「佛法非哲學」，但也「非違背於科學」。19若按照這道理，則前述數值值得商榷。

提到彌勒菩薩字意所代表的慈愛，就會再度想到布施，《四十二章經》中提到：「佛言。飯惡人百。不如飯一善人。飯善人千。不如飯一持五戒者。飯持五戒者萬。不如飯一須陀洹。飯百萬須陀洹。不如飯一斯陀含。飯千萬斯陀含。不如飯一阿那含。飯一億阿那含。不如飯一阿羅漢。飯十億阿羅漢。不如飯一辟支佛。飯百億辟支佛。不如飯一三世諸佛。飯千億三世諸佛。不如飯一無念無住無修無證之者。」

一般解讀布施就像種福田，你布施飯給一百個惡人，你還不如布施飯給一個善人那樣福田多。以惡人對照善人，似乎言之成理。但是，從另外一個角度看，這說法顯然地和佛教倡導的衆生平等，不能吻合，也造成一般信衆的困擾。雖然好的田地比較能獲得豐收，但是不幸獲得壞田地的人，更應該獲得關愛，獲得布施濟助。惡人或地位、階層比較低下的人，也有機會改邪歸正，力求上進，立地成阿羅漢。社會上錦上添花容易做，雪中送炭相對難。所以《四十二章經》雖然名曰佛說，也為諸多大師所推崇，但是某些說法是否眞的是佛說，値得進一步探討。

從本章第一節的阿彌陀佛到本節的彌勒佛，的確豐富了佛教的世界，也讓我們有更多的想像，甚至於更多嚮往的空間。不過，無論是二十四小時不停地念誦「南無阿彌陀佛」，或遙望五十六億年後將會降生人間的彌勒佛，顯然都拉開我們與佛祖的距離，反而讓我們比較沒有親切感。未來仍待有心人塑造如基督教聖母與聖嬰的故事，和西方世界應用古典音樂讚頌天主的事跡，以溫暖佛教徒的心窩！

第六章參考文獻：

1. 宣化上人講述：「大方廣佛華嚴經淺釋」，原文網址 https：//www.drbachinese.org/online_reading/sutra_explanation/Ava/contents.htm。
2. 《金剛經說什麼？》南懷瑾講述，老古文化事業股份有限公司出版，二〇一七年三月，臺灣二版 38 刷。
3. 《佛光教科書一：佛法僧三寶》，佛光星雲編著，佛光文化事業有限公司出版，一九九九年十月初版。
4. 維基百科：「南無阿彌陀佛」，本頁面最後修訂於二〇一八年十二月十日，11：56。
5. 中華佛學研究所徐立強：「梁皇懺」初探，原文網址 https：//www.chibs.edu.tw/ch_html/chbs/02/chbs0207.htm
6. 《聖與俗：宗教的本質》（The sacred and the profane: the nature of religion），伊利亞德（Mircea Eliade）著，楊素娥譯，桂冠圖書股份有限公司出版，二〇〇一年一月，初版1刷。
7. 法遵比丘尼著：「滅苦之道」，原文網址 https：//emilykueming.wordpress.com/2008/07/23/『滅苦之道』作者法遵比丘尼 /Posted on 二〇〇八年七月二十三日 by emilykueming。
8. 《鈴木大拙禪學入門》，鈴木大拙著作、林宏濤翻譯，商周出版/城邦文化事業股份有限公司，二〇一六年三月四日，初版5刷。

9. 《人間佛教佛陀本懷》，星雲大師口述，佛光山法堂書記室-妙廣法師等記錄，佛光文化事業有限公司出版，二〇一六年五月出版。

10. 《中國佛教發展史略》，南懷瑾著，復旦大學出版社有限公司出版發行，二〇一六年三月，二版1刷。

11. 《佛光教科書九：佛教問題探討》，佛光星雲編著，佛光文化事業有限公司出版，一九九九年十月初版。

12. 佛典故事—羅睺羅出家緣記，原文網址 https：//www.ctworld.org.tw/sutra_stories/story601-800/story751.htm

13. 羅睺羅—密行第一—10—佛陀十大弟子傳—牟尼佛法流通網。原文網址 https：//www.muni-buddha.com.tw›藏經閣›傳記›佛陀十大弟子傳

14. 維基百科：「羅睺羅」，本頁面最後修訂於二〇一八年十月十八日，18：546

15. 維基百科：「佛曆」，本頁面最後修訂於二〇一八年九月一日，03：46

16. 維基百科：「彌勒菩薩」，本頁面最後修訂於二〇一八年十一月十七日，10：06

17. 《說佛》，梁啓超著，海鴿文化出版圖書有限公司出版，台北市，二〇一一年一月一日，二版1刷。

18. 《佛學研究十八篇》，梁啓超撰，陳士強導讀，上海世紀出版股份有限公司出版，郵政編號200020，二〇一一年十二月初版。

19. 《李叔同說佛》，李叔同著，八方出版股份有限公司出版，二〇一〇年六月，初版4刷。

第七章

儒釋道之子是牧羊人——拜偶像既是拜神像，也是拜崇敬的對象

儒釋道祖師爺的教育背景，深深地影響他們爲師之道。他們不僅年代靠近，接受的教育，也有許多共通之處，多重視倫理道德。佛教的禪與老子的道崇尚自然，也都貼近庶民生活，當然，他們都是很成功的老師。根據聖經記載，耶穌基督既是牧羊人也是羔羊，要馴服待罪的信徒或爲信徒代罪。

相反地，儒釋道之子本身就是牧羊人，我們要馴服自己心裡的那一頭迷途的羔羊。基督教或天主教不允許信徒拜偶像，因爲一心不事二主，是基督教或天主教的原則。但是對於多神信仰的我們，拜偶像既是拜神像也是拜崇敬的對象，因爲孔子、老子、莊子及釋迦牟尼，可以當神來膜拜，也可以當最佳的心靈導師來崇拜！

儒釋道祖師爺的教育背景

弘一大師在《李叔同說佛》一書中，提到「佛法非宗教」，他沒有詳述理由。[1]這如同本書第二章，鄭振煌居士的著作裡，引述淨空法師的說法：「佛教不是宗教，佛教是一種教育。」[2]這些大師都說對了一半，佛教就像儒教或道教，不是純粹的宗教，也不是一面倒的教育，而是教育和宗教兼具的信仰和力量。

從背景上來看，儒釋道三教的祖師爺實在太像了。舉梁啓超的說法：「佛時代之印度思想界，恰如戰國時代之中國思想界。據《梵動經》所說，當時外道有六十二見（六十二種見解）。……若以各派外道比先秦百家言，則釋迦恰是那時印度的孔子。……就靈魂問題論，一面有極端常住論者，一面有極端斷滅論者，釋迦兩皆不取，提出『因緣和合』之流動生命觀。就因果問題高論，一面有極端的宿命論，一面有極端的無因論，釋迦兩皆不取，以『自業自得』明道德的責任。……故佛家常處大自稱爲「中道教」（Majjhao），和孔子所說『執其兩端用其中於民』同一精神。」[3]

除了肯定釋迦牟尼和孔子的道相似，其實梁啓超沒說的，是無因論和老莊思想的若干謀合。無因論者主張世間的一切，偶然而生、偶然而有，與道家思想不謀而合。佛教雖主張現世受過去的業力所影響，也重視因緣力，但否認一切由神決定，強調人世的好壞自己要負責。後者與儒家及道家思想，也非常接近。

釋迦牟尼接受的教育，讓他通達「五明」及「四吠陀」。「五明」在前一章已經略述過，就是五種才藝，包括（一）聲明，指語言、文典學、可能包括音樂；（二）工巧明，指工藝、技術、算術學；（三）醫方明，指醫學、藥學及咒法學；（四）因明，指論理學；（五）內明，指專心思索五乘因果妙理之學。[4]這和孔子接受的六藝至少有幾分像。可見兩大聖人非常幸運，童年接受的教育，一輩子受用不盡。

比較特別的是釋迦牟尼接受的「四吠陀」（Veda，原意即是知識），此處再詳細引用星雲大師在《佛光教科書一：佛法僧三寶》中的說法，即：（一）召請諸神降臨祭場並讚唱諸神之威德者，屬作燒施祭官之「梨俱吠陀」，又作黎俱吠陀。（二）祭祀時配合一定旋律而歌唱者，屬詠唱祭官之「沙摩吠陀」，又作娑摩吠陀。（三）唱誦祭詞，擔當祭儀、齋供等祭式實務者，屬供犧祭官之「夜柔吠陀」，又作夜殊吠陀。（四）於祭儀之始，具足息災、增益本領，並總兼全盤祭式者，屬總監祭式祭官之「阿闥婆吠陀」，又作阿達婆吠陀。[4]雖然背景及方式差別很大，但是「四吠陀」很容易讓人想到孔子作的《禮記》，多強調祭典的禮儀細節。禮多人不怪，古印度及中國皆然，眞的是英雄所見略同！

但是釋迦牟尼和孔子後來的作法，還是有些差異。先從孔子說起，孔子相信：「人者，其天地之德，陰陽之交，鬼神之會，五行之秀氣也。」所以，孔子繼續說：「聖人作，則必以天地爲本，以陰陽爲端，以四時爲柄，以日星爲紀，月以爲量，鬼神以爲徒，五行以爲質，禮義以爲器，人情以爲田，四靈以爲畜。」《禮記．禮運》上述這段文意淺白、清楚的話，不難理解爲什麼孔子一輩子謹守禮儀，因爲他相信天地萬物的運作與生生不息，一定有它的道理，我們必須順著它，才能匯集五行之秀氣！

重視禮節，是儒教的特色，也是它被詬病的地方。春秋時代，齊景公問政於孔子，孔子的回答讓齊景公非常滿意，想贈送田產給他，齊景公的宰相晏嬰阻止，他說：「夫儒者滑稽而不可軌法；倨傲自順，不可以爲下；崇喪遂哀，破產厚葬，不可以爲俗；游說乞貸，不可以爲國。」[5]晏嬰認爲儒家學說，只會耍嘴皮子，不遵守法律；這些人高傲，不會長久甘於伏下；對於喪葬禮俗太過重視，縱使破產也要厚葬，當然不可以用來教化人民；他們還到處游說人借錢過日子，這樣還能治理國家嗎？

莊子更是一面倒地反孔，隨便舉個例子。儒教是最重視仁義道德的，莊子偏偏說：

「吾所謂臧者，非仁義之謂也，臧於其德而已矣；吾所謂臧者，非所謂仁義之謂也，任其性命之情而已矣。」《莊子．駢拇》莊子意思是我所謂好的，不是光會講仁義，而是他的道德操守要夠好；我所謂好的，不是滿口都是仁義，而是放任天性，保持眞性情！

話說回來，談到儒釋道聖賢的教育，最知名的莫過於孟子了，孟母三遷的故事，不僅生動感人，也教育出孟子這麼偉大的儒者，堪爲後代表率。孟子本身才學超凡，但仍謙虛地以孔子爲師，故而在《孟子．公孫丑上》說道：「可以仕則仕，可以止則止，可以久則久，可以速則速，孔子也。皆古聖人也，吾未能有行焉；乃所願，則學孔子也。」

道教祖師爺老子及莊子，就像他們崇法的自然，不求名利一般，連出生背景及童年都是謎，遑論教育。老子李聃（耳）出生地最早見於司馬遷《史記．老子列傳》記載，生於東周楚國苦縣厲鄉曲仁里，今屬河南省鹿邑縣。莊子名周，生卒年失考，根據《史記．老莊申韓列傳》，大約與孟子、梁惠王、齊宣王同時，爲戰國時代宋國蒙（河南商丘或安徽蒙城）人。老子及莊子，根據有限資料，似乎都做過小官。不過，別人是學而優者仕，他們兩位連同孔子、孟子，都是仕而不優而卻揚名於學！

雖然老子及莊子的教育背景不明，但是生於學術界百花齊放的春秋戰國時代，他們接受的學術自由風氣，絕不亞於孔子、孟子。其聰明才智，足以自成一家之言。他們生前可能不太得志，但是老莊學說及思想，堪稱人類歷史一絕，絕對可以和釋迦牟尼和孔子並列，影響成千上萬年。第三章已經提及儒釋道的公約數—知「無常」、明「無我」、無「無明」，下面更進一步從生活及行動中體現儒釋道三者之間的異同。

貼近庶民生活的禪與道

從南懷瑾所著《中國道教發展史略》，我們可以窺見千百年來，儒釋道三教對中國文人的影響。例如魏、晉時期，西域佛教名士如支謙、支亮、支遁等人，留居中國，與國內諸名士，都有密切交往。國內佛教名僧如道安、僧肇等輩，都是深通中國文化「三玄」等學。西域來華名僧鳩摩羅什，對於老、莊之學，尤其熟悉，故翻譯佛經，引用「道」、「功德」、「居士」、「眾生」等名辭，如數家珍，都是採用儒道本不分家的道家語。6

元代立國之初，由於全眞道丘長春的影響，朝廷內外雖篤信西藏密宗的喇嘛教，亦曾有毀道教經典的事件，但對於儒家的孔子，與世居龍虎山的天師道，卻仍能依循宋代故事，又加敕封，而正其名為正一教主。《西遊記》的故事，雖然講的是三藏取經，但也襯托道家修行煉丹成道的宗旨。6 這些史實，都襯托出傳統文人，深受儒釋道三教交錯的涵養與教化。

很有意思的是，在《聖與俗：宗教的本質》一書中，作者伊利亞德特別提到山、水意境對道教的影響，他說：「在這整個綜合體中——山、水、樹、洞等，在道教中扮演一個不容忽視的角色—即是一個更古老之宗教概念的最好發揚，也就是結合了「圓滿」（山、水）與隱居，因此成爲至福仙境的縮影。道教修行者接受了這個古代的宇宙論圖像（山、水），並加以發揮，在其默觀中道教修行者神成氣來，靜神定心。」7

伊利亞德所描繪道教的修行，已經涉獵佛教禪宗的意境。在《鈴木大拙禪學入門》一書中，鄭振煌的推薦序寫道：「在大乘八宗中，以理論見長的有三論、法相唯識、法華、華嚴等四宗；專重修行的有禪、淨土、密、律等四宗。在此八宗中，最合歐美人士口味的，只有禪宗。」鈴木大拙論禪，大受歐美人士歡迎，其來有自。在他的書中提到，有人問大珠禪師：「云何是常不離佛？」大珠回答說：「心無起滅，對境寂然，一切時中，畢竟空寂，即是常不離佛。」8

這簡單幾句話，道盡禪機裏的佛觀。講白了，就是不要想事情怎麼發生，結果怎麼樣？對生成的事，處之泰然，一切都在心中化解，彷彿船過水無痕，如此，佛就經常在身邊不遠處。他還提到「禪要絕對的自由，甚至要擺脫上帝的羈絆。『無所住』是這個意思；『說箇佛字三日漱口』也是這個意思。」8從這樣的觀點切入，一般人就很能在生活中體驗佛教禪宗的宗旨了。

在《秋室雜文》一書裡，梁實秋引用《傳燈錄》記載：「南泉和尙問陸亙曰：『大夫十二時中作麼生？』陸云：『寸絲不掛。』寸絲不掛即是了無掛礙之謂，「原來無一物，何處染塵埃？」這境界高超極了，可以說是「以天地為一招，萬物為須臾」，根本不發生什麼時間問題。[9]雖然極力推崇了無掛礙的禪宗意境，梁實秋本身不是什麼都買單，例如，他是不相信佛教生死輪迴的，他說：「看佛書記載輪迴的故事，大抵荒誕不經，可供談助，兼資勸世，是否真有其事殆不可考。」[9]這位英文及國學造詣深厚的大師，擇善固執，用語直率，也許佛教界人士不一定中聽，但是，它也反映禪宗觀點，的確比較貼近庶民。

山、水意境是禪宗與道家的共同交集，也是伊利亞德所說的至福仙境。道教有何貼近庶民的地方？此處借用司馬志所編《道德經全書》中，引述唐高宗李治問上清派天師潘師正的話，唐高宗問道：「道家階梯證課，竟在何處？」潘師正回答：「夫道者，圓通之妙稱；聖者，玄覺之至名。一切有形，皆含道性。然得道有多少，通覺有深淺。通俗而不通眞，未為得道；覺近而不覺遠，非名聖人。」[10]

上述這段話，翻譯成白話文，就是唐高宗問道家為什麼要一級一級往上認證？潘師正回答說，「道」是世事都洞明並圓滿通達後，所給予的絕妙稱呼。在這道家世界裡，可以被稱為聖者，是對最玄妙的「道」都能化解的人的最尊稱。一切有形的事物，都含道性。然而，能嫻熟個中三昧，而通達至理的人，仍然是少數，不是人人都擔得起。只通曉一般事理，但未能深入眞諦者，還無法說得「道」；只覺悟到淺近的事端，但無法看透深層的道理者，絕對無法稱爲聖人。

看來道教的證「道」，是一步一腳印，和佛教的修行，如出一轍。儒家思想，更是步步爲營，下一節會詳述。

修身與參禪中撞見師道

孔子和弟子周遊列國，有一次到魯國，哀公向孔子請教國政，孔子回答說：「古之爲政，愛人爲大；不能愛人。不能有其身；不能有其身，不能安土；不能安土，不能樂天；不能樂天，不能成身。」《禮記・哀公問》

孔子回魯哀公的話，就是古時當政的人，以愛護人民爲最大目標；不能愛護人民，就不能有我的存在；我如果不存在了，還能談安身立命的地方？若不能安身立命，還能和老天打交道、順其自然地運作嗎？如果做不到，就說不上成就一生了。這步步爲營的做法，一如《大學》提出的爲人處世循序漸進法則：格物、致知、誠意、正心、修身、齊家、治國、平天下，應該放諸四海皆準。

儒家講的修身與佛教禪宗講的參禪，都是從中修養性情做起，其終極目標，或如前述孔子講的愛人，或如佛教講的菩薩心腸。無論如何，都像前一節道教講的證「道」，是一步一步來的。初看《鎮州臨濟慧照禪師語錄》（簡稱《臨濟錄》）中提到：「佛法無用功處。秖是平常無事。屙屎送尿著衣喫飯。困來即臥。」彷佛生活裡隨手拈來，都是禪機，不必費多少心思。如果眞的比照這樣想、這樣做，必然注定一輩子一事無成。即令聰明如六祖惠能，也在有人資助銀兩，安置母親生活無虞後，才辛辛苦苦路經三十餘日的旅途，到黃梅五祖弘忍處學佛。

到底惠能跟五祖學習多久，歷史沒有記載。只知道五祖慧眼識英雄，知道惠能根性不凡，怕他鋒芒太露招忌，先派他在廚房做工八個多月，只是「舂米，破柴」，未曾上過一次正殿，聽過一次法會。正應了《臨濟錄》說的：「愚人笑我。智乃知焉。古人云。向外作工夫。總是癡頑漢。爾且隨處作主。立處皆眞。」

直到有一天他匿名作了名震千古的偈（頌詞）：「菩提本無樹，明鏡亦非臺；本來無一物，何處惹塵埃。」，壓過師兄神秀的偈：「身是菩提樹，心如明鏡臺；時時勤拂拭，勿使惹塵埃。」後，衆兄弟皆譁然，急於找出這位天才。五祖早已知道是他的作品，也知道他才氣一旦畢露，一定招嫉妒。紙包不住火，趕快趁夜晚把他送走，免得招惹殺身之禍。

惟恐惠能迷路，五祖親自送到九江，還跳上船搖槳，惠能感慨地說出：「迷時師度。悟了自度。」等送這位愛將上對岸，五祖又叮嚀：「汝去三年，吾方逝世。」意思是等到那時候，六祖已經可以自立門戶，不怕招忌，他才可以放心走了。末了，又不放心地和惠能說：「汝今好去，努力向南，不宜速說，佛法難起。」就是要他往南走越遠越好，不要急於說法。和一般人說佛法，不是一時三刻就可以搞定，何況要自立做主，光大門戶！

《六祖壇經》記載的這一段師生情緣，句句見真情，不愧是禪宗界最唯美、最令人嘆服的故事。

儒家和佛教講究傳承，孔子最欣賞的弟子顏淵，有一次喟然歎說：「仰之彌高，鑽之彌堅；瞻之在前，忽焉在後。夫子循循然善誘人，博我以文，約我以禮。欲罷不能，既竭吾才，如有所立卓爾。雖欲從之，末由也已。」《論語・子罕》顏淵的嘆服，可以想見孔子不僅博學多聞，善於因材施教，更能打從心裡把所教的學生視如己出，學生孺慕之情，油然而生！

下一節我們將有幸親炙三位我們最親近的教主，如何展現生活就是教育，行動中展露禪機和至誠的道理。

釋迦牟尼、孔子和莊子既是教主，也是身體力行的教育家

《阿含經》、《金剛經》等是眾多佛經中能體現佛陀怎麼教育他徒弟的經書。尤其簡潔的《金剛經》，更是最好的入門佛經之一。從這有名經書的開頭，就已經透露玄機，我們照本宣科一翻：「如是我聞。一時，佛在舍衛國祇樹給孤獨園，與大比丘衆千二百五十人俱。爾時，世尊食時，著衣持鉢，入舍衛大城乞食。於其城中，次第乞已，還至本處。飯食訖，收衣鉢，洗足已，敷座而坐。」

上述經文一開始用「如是我聞」，是因為佛陀生前說教，不立文字，等他入滅後，弟子結集，阿難口述經文，不能直說這是佛陀說的，只好委婉地說，我聽到如來這麼說。接下來的「一時」，乃指有一天或那個時候，沒有明指日期，因為當時的印度社會，對時間及曆法是不太注重的。佛陀在中印度舍衛國祇樹給孤獨園，對著一千二百五十個佛弟子開講。舍衛國的國王，就是楞嚴經上那位波斯匿王，後來也成為佛的弟子。那裡有

位年高德劭的長者，是舍衛國一個大財主，名叫「給孤獨」長者，曾經是拜火教的教主。遇上佛陀改信佛，也和祇陀太子聯手打造出「祇樹給孤獨園」大講堂，給佛陀使用。[11]

這些弟子是佛證道出來傳法以後，第一批招收的學生，包括神通的目犍連尊者及三迦葉兄弟等。他們很多是早已自成一方之言的學者，有的年紀比佛陀還大，其中包括提供佛陀「給孤獨園」的長者。由此可見佛陀講經有多受歡迎！文中使用「比丘」，翻譯成中文的意思就是「乞士」，雖然是討飯的意思，目前普遍用來指出家人。

吃飯時間到了，這一大群佛弟子跟著佛陀，穿好衣服，一起持缽進入舍衛大城乞食。每個人都有飯菜後，一起回到原本出發的地方用餐。用完餐，衣服餐具收起來，腳也洗淨，每個人都找個位置坐好。接下來，佛陀大弟子須菩提（意爲善現），披著袈裟，一邊膀子露出來，率先發言：「希有世尊。如來善護念諸菩薩。善付囑諸菩薩。」世尊是弟子對佛陀的尊稱，有世間令人尊敬的人之意，而「希有世尊」，更進一步，意思是世間少有的世尊。「如來」，是成道成佛者的尊稱。「善護念」即善於照護心裡的念頭，「善付囑」則是善於交代弟子。接下來須菩提問：「發阿耨多羅三藐三菩提心，應云何住？」（如何才能獲得無上正等正覺的心？）也正式開啓《金剛經》精彩的佛學內容，本段就在此暫打住。

佛陀原本是養尊處優的王子，卻在一念之間，走上了創教之路，改變了自己，也改變了這個世界。在種性、階級分明的印度，放下身段，和弟子一同外出乞食，講白了，就是天天過著看人臉色的生活，人家給什麼就吃什麼，絲毫沒有架子。飯後，把多餘的時間，和弟子們一起研修佛法，要弟子們「不住於相」，不要被聲香味觸法所迷惑，不要在意身份地位，也不要在意一時的榮辱。

按照世間一般的標準看，如果不是佛陀的智慧超高，佛理深奧，這一千多人也不會死心塌地跟到底，何況其中還有國王和其他宗教的教主。非常可惜的是，佛陀三十一歲開始說法，直到八十歲，在漫長的四十九年裡，他和弟子間一定有不少精彩的對話，當下沒有記錄下來，事後阿難弟子等口述經文，就只能擇要概述。雖然也有問答式對話，但是訓示或喻示居多，像《論語》這樣鮮活、精彩，好壞事都寫下來的對話，佛經是看不到的。

國人最幸運的，莫過於能有孔子這麼偉大的老師，還留下《論語》、《禮記》、《大學》、《中庸》等經典作品。更妙的是，《論語》一書，把孔子的事跡都演活了，讓我們幾乎和他的弟子一樣，從這位身體力行的教育家，一起體驗他的言教和身教。

孔子周遊列國，好事糗事一大堆，一時也講不完，也不是本書的旨意。單從《論語・

衛靈公》篇，就可以看見孔子不凡的行誼。衛靈公問陳（排兵布陣之法）於孔子。孔子對曰：「俎豆之事，則嘗聞之矣；軍旅之事，未之學也。」簡單幾句話，就清楚表明孔子知道的事，像祭祀（俎豆），就說知道，不知道的事，像軍隊布陣打仗，絕不胡說亂道。這和《論語．爲政》篇所寫的，孔子訓示子路（由）的話：「由！誨女知之乎？知之爲知之，不知爲不知，是知也。」，完全吻合。衛靈公只想打仗的事，孔子不想胡亂吹噓，話不投機下，只好帶著弟子離開。

孔子不得志，在陳斷糧，跟從者生病，大伙兒情緒低落。子路很生氣地去找孔子問：「君子亦有窮乎？」孔子回答：「君子固窮，小人窮斯濫矣。」意思是君子也有窮的時候，但是君子再窮也謹守本份；相反地，小人窮的時候，就可能開始胡作非爲。這一段對話，很容易想到有一天，顏淵、季（子）路在孔子身邊，孔子隨口問了一下：「盍各言爾志？」（何不說一說你們的志向？）子路說：「願車馬、衣輕裘，與朋友共。敝之而無憾。」顏淵說：「願無伐善，無施勞。」子路反問孔子：「願聞子之志。」孔子說：「老者安之，朋友信之，少者懷之。」（出自《論語．公冶長》篇）

從簡單對話，可以看出孔子和弟子對處世爲人的歧異。重物質也好客的子路，很清楚地說車子、馬匹甚至於華貴的衣服，願意和朋友共用，壞了也不會遺憾。可以「一簞食，一瓢飲，在陋巷」過日子的顏淵，一本謙沖為懷的態度，希望不要誇耀自己的優點，不要張揚自己的功勞。一輩子不忮不求，一如佛教「無我相、無人相」，非常不容易。當然，孔子不愧是至聖先師，簡單幾句話，菩薩心腸就表露無遺。

在陳國斷糧，孔子隨機教育跟隨的弟子：「君子謀道不謀食。耕也，餒在其中矣；學也，祿在其中矣。君子憂道不憂貧。」他說，做為一名君子，要謀求人生的大道理，而不是汲汲營營地只想吃的東西。耕田的農夫，其實常常面臨饑荒；但是，好好做學問，就不愁沒有俸祿。所以君子該擔憂的是肚子裡面有多少學問，能講得出令人信服的道理，而不是光想手頭沒錢怎麼辦？

從上述對話，可以深刻體驗孔子的機會教育和因材施教。雖然老子及莊子的書本極少描述他們和弟子的對話，但是莊子快死，弟子打算厚葬之，他極力阻止，還說：「吾以天地為棺槨，以日月為連璧，星辰為珠璣，萬物為齎送。吾葬具豈不備邪？何以加此！」。

由此可見這些儒釋道祖師爺，不僅都自成一家之言，而且心口如一，身體力行他們的信仰，歷千古而彌新！

儒釋道之子是牧羊人

基督教的信仰，有一特點，就是神本位。信徒託付生命給耶穌基督，凡事有祂來解決，只要忠誠地做祂的信徒就可以。所以在《聖經．約翰福音10：7-15》清楚記載：「耶穌又對他們說：『我實實在在地告訴你們：我就是羊的門。凡在我以先來的都是賊，是強盜，羊卻不聽他們。我就是門，凡從我進來的，必然得救，並且出入得草吃。』、『我是好牧人，我認識我的羊，我的羊也認識我，正如父認識我，我也認識父一樣；並且我為羊捨命。』」這種為羊可以捨身的情操是偉大的，但也是選擇性的，不是信徒當然進不了那扇門，包括被耶穌批評的先來的賊和強盜。

不過在《聖經．約翰福音1：29》裡，記載「約翰看見耶穌來到他那裡，就說：『看哪，神的羔羊，除去（或作：背負）世人罪孽的！』」顯然，在代世人贖罪上，耶穌又成了羔羊。這是耶穌一身兼兩個角色，既是牧羊人，也是羔羊。

但是在儒釋道的世界裡，不管幸或不幸，儒釋道之子本身就是牧羊人，我們要馴養的羊，不是外人，而是自身！《道德經．第十三章》老子說得好：「吾所以有大患者，爲吾有身，及吾無身，吾有何患？」眞是一語道盡世人的煩惱。人活著就有身，身體不可能天天充滿朝氣和活力，何況人也不可能天天花好月圓，想當然爾，只要生病、不爽，挨罵的常常是與生俱來的臭皮囊！

怎麼管好這個「身」，儒釋道三教都有自己的壓箱法寶，最簡單、但也可能最不容易做到的，可能是老子在《道德經・第三章》所說的：「不尙賢，使民不爭；不貴難得之貨，使民不爲盜；不見可欲，使心不亂。是以聖人之治，虛其心，實其腹，弱其志，強其骨。常使民無知無欲。」多麼單純！也多麼愚民的想法！「不尙賢、不貴難得之貨、無知無欲」對一般大衆，想都不用想，太超現實、也太烏托邦了。

但是，不要忘了，老子、佛陀一家親，在《般若波羅蜜多心經》，佛陀不是告訴我們：「無智。亦無得。以無所得故。」接下來才有：「菩提薩埵。依般若波羅蜜多故。心無罣礙。」佛陀要我們放下處心積慮的念頭，不要想太多，也不要垂涎這、垂涎那，放空，心就沒有掛礙，就可以達到涅槃的最高境界。所以，要當個稱職的牧羊人，先馴服自己顧東顧西的那顆心！

「不見可欲，使心不亂」，不但難倒貴婦，恐怕也難倒一般人。在《雜阿含經》，佛陀也說：「如實知故。不樂於色。不讚歎色。不樂著色。亦不生未來色。色不生。受・

想．行．識不生故。於色得解脫。於受．想．行．識得解脫。我說彼解脫生．老．病．死．憂．悲．惱苦聚。」佛陀指明具眞知灼見的人，對於物質及物慾，不會樂在其中，既不讚歎、也不沉迷，連未來的物慾也不再著迷。沒有物質的嚮往及物慾，就不生感受、不勾起想像、不啓動意志行爲、也不在腦裡留下擺脫不了的印記。這個人就解脫了，連生．老．病．死．憂．悲．惱等令人痛苦的現象，也一起擺平了！可敬佩吧！對於凡夫俗子，也實在不可思議。

如果覺得這個太難、太不食人間煙火了，有沒有簡單一點，比較容易做得到的？不仿試試《莊子．駢拇》所說的：「吾所謂聰者，非謂其聞彼也，自聞而已矣；吾所謂明者，非謂其見彼也，自見而已矣。」講白了，莊子認爲要做個聰明的人，不是聽人家怎麼說，就照章全收，要聽一聽自己心內的聲音；要做個聰明的人，不是光看人家怎麼做，就依樣畫葫蘆，要看得見自己的願景！看來莊子把自己擺在前頭的想法和做法，還是比較符合普羅大衆的胃口。

再退一步，如果還是不得要領，就要求助於至聖先師孔子了，他眞有先見之明，要大家弄清楚：「玉不琢，不成器；人不學，不知道。雖有嘉肴，弗食，不知其旨也；雖有至道，弗學，不知其善也。」在《禮記．學記篇》中，孔子借用嘉肴美食的譬喻，吸引大家注意學習的重要性，實在是高招。他說嘉肴美食要吃了才知道好吃在哪裡；而最高等級的道理，也是要學了才知道好在哪裡。所以，要成爲好的牧羊人，馴服自己心裡的那一頭羊，還是須要乖乖做一個好學生，下一章就是筆者認爲我們可以著手學習的入門知識。

拜偶像不只是拜神像，也是拜崇敬的對象

一般人提到拜偶像，一定會想到基督教或天主教徒，因爲他們是絕不拜偶像的。原因就出在《聖經・申命記5：8-10》已有明確記載：「不可爲自己雕刻偶像，也不可做甚麼形像，彷彿上天、下地和地底下、水中的百物。不可跪拜那些像，也不可事奉他，因爲我耶和華—你的神是忌邪的神。恨我的，我必追討他的罪，自父及子，直到三、四代；愛我、守我誡命的，我必向他們發慈愛，直到千代。」

一心不事二主，這是基督教或天主教的原則。而且愛憎分明，似乎毫無商量、轉圜的餘地。這也是傳統中國家庭，突然冒出一個基督教徒後，很容易產生衝突的原因。這種排他行徑，讓哈拉瑞感嘆：「我們讓自己變成了神，不用對任何人負責，唯一能節制我們的只剩下物理定律。」他還進一步批評：「擁有神的能力，但是不負責任、貪得無厭，而且連想要什麼都不知道。天下至險，恐怕莫此爲甚。」[12]

過去宗教間的衝突，甚至於引起戰爭，多肇因於這種神權至上，毫無商量或妥協的餘地。現代人信仰式微，神權旁落，宗教間的衝突，已經相對地少見，只剩下零星的或

家庭裡成員間的爭執。我們想問的是：拜偶像只止於拜神像嗎？對於多數想得到神明庇佑，希望有求必應的人，的確如此。但是，就如第九章所要描繪的，信仰如止於神蹟，這樣的信仰恐怕會讓很多人難以持續。

如果不相信神蹟的人，爲什麼還燒香禮佛呢？答案可能很多，筆者認爲最合理的，可能是我們拜的不祇是神像，還是崇敬的對象！就如同第二章提到的牛津大學教授理察德貢布里所說：「一個人是不是佛教徒並不重要，重要的是，他是不是眞的理解佛陀那無比燦爛的、充滿著力量、滿載著慈悲的智慧。」所以他需要佛陀的智慧，來去除他的無明煩惱。13、14

在梁啓超眼中，釋迦牟尼是「最忠實的臨床醫生，專研究對症下藥。凡一切玄妙理論，『非梵行本，不趣智，不趣覺，不趣涅槃者，一向不說。』」所以，他認爲佛教之信仰：「乃智信而非迷信，乃兼善而非獨善，乃入世而非厭世，乃自力而非他力。」3、15

在鄭振煌居士的著作裡，提到佛使尊者眼中的佛陀「是最富有批判精神的，他敢於批判婆羅門的神權思想、種性制度的不平等階級劃分、色界定和無色界定的不能究竟解脫、業力論的宿命主義、斷常二見的偏頗主張、儀軌規範的形式主義等非理性現象。」16

綜上所述，我們可以把佛陀當成膜拜的神，當然也可以把他當成值得我們崇拜的哲學家和教育家。當我們心裡把他的角色放在後者時，佛陀就如同孔子，是我們另外一個「至聖先師」，也是我們可以信賴的心靈導師！

第七章參考文獻：

1.《李叔同說佛》，李叔同著，八方出版股份有限公司出版，二〇一〇年六月，初版4刷。
2.《佛法新論：正解佛陀的法義》，鄭振煌著，大千出版社出版，二〇一五年三月初版。
3.《說佛》，梁啓超著，海鴿文化出版圖書有限公司出版，台北市，二〇一一年一月一日，二版1刷。
4.《佛光教科書一：佛法僧三寶》，佛光星雲編著佛光文化事業有限公司出版，一九九九年十月初版。
5.《孔子的智慧》，林語堂著，德華出版社出版，民國七十一年四月初版。
6.《中國道教發展史略》，南懷瑾著，復旦大學出版社有限公司出版發行，二〇一七年三月，二版3刷。
7.《聖與俗：宗教的本質》（The sacred and the profane：the nature of religion），伊利亞德（Mircea Eliade）著，楊素娥譯，桂冠圖書股份有限公司出版，二〇〇一年一月，初版1刷。
8.《鈴木大拙禪學入門》，鈴木大拙著作、林宏濤翻譯，商周出版／城邦文化事業股份有限公司，二〇一六年三月四日，初版5刷。
9.《秋室雜文》，梁實秋著，水牛圖書出版事業有限公司出版，二〇〇七年四月二十日，三版2刷。

10. 《道德經全書》，司馬志編，華志文化事業有限公司，二〇一六年八月，初版3刷。
11. 《金剛經說什麼？》，南懷瑾講述，老古文化事業股份有限公司出版，二〇一七年三月，臺灣二版38刷。
12. 《人類大歷史：從野獸到扮演上帝》（Sapiens：A brief history of humankind），哈拉瑞（Yuval Noah Harari）著，林俊宏譯遠見天下文化出版股份有限公司，二〇一八年三月二十二日，二版4刷。
13. 人間福報 merit-times.net › 即時報 › 即時新聞：「牛津大學佛學教授：佛陀見地 比我個人有趣千倍」，2018-07-13 61852。
14. 中國佛學院官網：「牛津大學佛教研究中心主任理查德・貢布里教授來訪我院」，原文網址 https：//www.zgfxy.cn/Article/2016/10/16/1809071701.html。
15. 王俊中：救國、宗教抑哲學？——梁啓超早年的佛學觀及其轉折（一八九一—一九一二年），史學集刊第三十一期（1999.06）p.93 — 116。
16. 《不出世的奇葩：南傳佛教第一人，佛使尊者》，鄭振煌居士著，大千出版社出版，民國一〇二年十一月初版。

第八章

千里之行，始於足下；初心易得，始終難守

凡事必須有個起頭，正所謂「千里之行，始於足下」，我們自己須準備好去學習並找到信仰的目標。佛陀善於用很多的比喻切入佛學，包括孵卵初始，不起諸漏；我們不必當農夫，但要學佛陀勤於耕心田。任何宗教都不免充滿不可思議的神話色彩，不必因此迷失在其中！無論是佛陀或孔子、老子、莊子，縱然不甚完美，他們仍然是我們最好的心靈導師。有一句從《華嚴經》概括而來的經文說得好：「不忘初心，方得始終；初心易得，始終難守」能不忘初心，堅持倫理及善行到底，才是儒釋道之子信仰的終極目標！

法不自顯，我們準備好去學習並找到信仰的目標了嗎？

大凡從事科學工作的人，包括像筆者這般從事「不完美」的科學──也就是醫學的醫生，都有職業養成的習性，就是探索任何一樣事物，都要設定特定目標，然後努力追尋答案，直到水落石出。對於「信仰」這種非科學性的題目，也一如其他學術，我們仍不免要問自己：一輩子追隨儒釋道的祖師爺，我們信仰的目標是什麼？也許有些人會回答：爲了死後可以升天，或到西方極樂世界去！如果目標就是這麼單純，事情反而好辦，跟隨師父、神父或牧師念經就好！

問題在多數像我們一輩子生活在儒釋道並陳的環境，並接受儒家思想教育的人，不會滿足在信仰只爲了上天堂，或只爲了到西方極樂世界去。除了第三章提到的「無常」、「無我」、「無明」這三項儒釋道的公約數，菩提達摩祖師也曾經揭示「直指人心，見性成佛」，希望學子能「頓悟」，見到自己的心性，然後悟出像佛一般屹立不搖的道理。

可惜，我們一般人悟性較差，無法很快「見性成佛」，甚至於一輩子也弄不清楚"佛性"是什麼？退一步想，也許大家真正希望瞭解的是：儒釋道是否有共通的學習項目，讓我們可以一步一腳印地學習？此外，它們深奧的萬法是否可以一以貫之，讓我們可以信服並從一而終？

法不自生，也不會任他生；法不自顯，弘法在人。每一個人對神明或信仰的體驗也許不一樣，但是追尋佛祖或老子、孔子啓示的心意，應該是一致的！因爲連星雲大師都有這方面的疑惑！在《成就的密訣：金剛經》這本書裡面，大師說：「我出家七十多年來，沒有跟佛陀對談過，也沒有菩薩替我摩頂授記，一直尋尋覓覓，佛陀在哪裡？最近幾十年中，我曾七次前往印度，只爲找尋佛陀的聖蹟。」[1]無論是佛陀出生的地方、證道的地方、或涅槃的聖地，大師都無法找到與佛陀相遇的蛛絲馬跡。

畢竟大師的禪學功力了得，讓他「後來感覺到，吃飯時，佛陀和我共餐；走路時，佛陀在引導我；寢寤間，所謂『朝朝共佛起，夜夜抱佛眠』。……原來佛陀是法界、虛空，『若人欲識佛境界，當淨其意如虛空』。」大師積極追尋的目標，是得到佛陀的親身啓示，當然以覓得聖蹟爲第一優先。是否眞有聖蹟？無法科學驗證，唯一可信的是，就算有，聖蹟出現的機率應該非常低，連大師出馬尋尋覓覓都難得，一般人絕少有機會遇上。

但是大師眞正的目標，仍然是佛陀給我們的啓示是什麼？就這一點，他已經達標了：佛的啓示就是淨其意如虛空。

維摩居士是佛教歷史上非常特別的人物，佛陀時代就以居士身份，大力倡導大乘佛教，有錢卻樂於助人，人文素養也是無出其右。翻開史上許多知名的學者、儒士都深受他的影響，譬如謝靈運、白居易、蘇東坡等人，他們的作風率以維摩居士爲典範。盛唐詩人王維更以維摩自居，將字號改爲「摩詰」。

維摩居士最特別的貢獻，就是積極提倡「唯心淨土」。在《維摩詰經．佛國品第一》上，他說「若菩薩欲得淨土，當淨其心，隨其心淨，則國土淨。」2、3講白了，就是要找到淨土，就先讓自己心淨；心淨了，淨土就浮現了。從這觀點看，維摩居士可以當成「人間淨土」的倡導者。星雲大師也深受影響，在第五章，我提到星雲大師的母親，曾經到佛光山侃侃而談地說：「佛光山就是極樂世界，天堂就在人間。」

很可惜的是，《維摩詰經》仍不免落入過往大乘佛教的一貫教條，反覆批評小乘佛教，而且經書中多處充滿不可思議的神話，在科學昌明的今天，讀起來比較格格不入。和禪宗大師惠能的《六祖壇經》對照，益顯後者務實、親民的一面。

我國最著名的高僧玄奘大師，曾發願往生在欲界的彌勒淨土（兜率淨土）。往生彌勒淨土比較容易，可以在家修行，只要心纏不亂、受持五戒，常參加八關齋戒，作福行善，就可以往生了，非常符合現代人的意願。3

以玄奘大師的條件和對全人類的貢獻，當個菩薩綽綽有餘。在第五章，我提到十法界成就最高的四聖：依序是佛界、菩薩界、緣覺及聲聞界（阿羅漢）；凡夫六界中，最高等級的天，可以分爲三個層次：無色界天、色界天及欲界天。其次是人、阿修羅、畜生、餓鬼和地獄。

從上述往生後歸屬的等級，明眼人早就可以把玄奘歸屬於菩薩或佛，但是他自己卻設定到欲界天的層級。在本書第四章提到《西遊記》最後一回，唐三藏師徒成功地取經回到長安，佛祖加陞唐僧爲旃檀功德佛，我們認爲作者吳承恩這樣的安排是相當合適的。個人相信玄奘的謙沖爲懷，不擬和佛祖並列，讓他選擇欲界天的彌勒淨土，做爲往生的目標。

星雲大師的謙讓也不遜於玄奘，在《成就的密訣：金剛經》一書中，他也提到：「我這一生拜佛學佛，但不希望成佛作祖；我布施行善，但不求上天堂；我念佛行持，但不求往生蓮邦，我志不在了生脫死，只想多培養一些佛道資糧。我願生生世世在人間，做一個平凡的和尚。」1

兩位大師都把往生目標訂在凡夫六界的天和人，令人敬佩！就像成績頂尖的人，放棄第一志願，機會讓給其他人一樣。他們都已經做到成佛或菩薩的境界，寧可退而求其次，值得我們深思效法！《雜阿含經》記載天神問佛：「誰控制世間？用的是什麼法？」佛答：「心持世間去，心拘引世間；其心爲一法，能制御世間。」[4]無論活在世間或出離世間，控制這一切的，就在我們的心。心能制定法，進一步駕馭我們生活的這個世間。在世間的修行與作爲，已經決定每一個人身後的世界！

明代洪應明深得老子精髓，在司馬志編《道德經全書》中，引述他在所著《菜根譚》中的話：「人人有個大慈悲，維摩屠劊無二心也；處處有種眞趣味，金屋茅簷非兩地也。只是欲蔽情封，當面錯過，便咫尺千里矣。」[5]這幾句話，不僅把維摩居士的佛學見地和老子的思想連在一起，也強調一心無二用的重要。金屋茅簷看似兩個非常不一樣的居住地，只要能夠心不隨境轉，都是一樣充滿趣味的住宅。雖然「欲蔽情封」是佛學的至高境界，但也不免阻撓我們刻意往前的動機。其實，因緣到了，仍要啓動意志主動學習，避免錯過。但是要學什麼？一心應歸何處？在下面幾節會詳述。

也許人生最高的境界，應該接近莊子所說的：「養志者忘形，致道者忘心！」（本文出自《莊子．讓王》篇）

千里之行，始於足下；孵卵初始，不起諸漏

「置之死地而後生」是人人耳熟能詳的名言，更是怕死的人類，創造出宗教的動機。家族從事葬儀行業到他身上已經是第六代的卡利伯，出了一本名字叫做《死，打碎我們，還是打開我們？》的書，單看題目就足以令人驚呼咋舌。[6]死是所有生物的歸宿，不想死或不想死得不明不白的人類，若不想被死打碎，就要靠宗教麻醉自己，或打開我們的心扉，嘗試接受可以讓自己信服的說法。

偉大的物理學家愛因斯坦生病，另一位知名物理學家波恩的太太常來看他，有一天問他是不是怕死？「不，」愛因斯坦回答：「我只是全體生命中的一部份，我對於這無限潮流中一個人的生死並不關切。」在他病入膏肓的時候，拒絕接受手術治療腹膜炎，還說：「我已經完成了我該做的。現在是該離去的時候了，我要優雅地離去。」[7]

若一般人有愛因斯坦的生死觀，宗教信仰就變得可有可無。但是，多數人受到傳統禮俗和客觀環境的影響，仍抱著寧可信其有的態度，去面對波折多變的人生，和無法預知的身後世界。以大乘佛教為信仰主流的東方國家，特別是華人世界，人往生前就助念

《佛說阿彌陀經》，少有例外。很多人平常沒接觸佛經，第一次跟著師父念的，就是這本經書或者《慈悲藥師寶懺》等等，以爲佛經就是這樣，深奧難懂，跟著師父念就好，反而造成佛學入門的困擾！

無論《佛說阿彌陀經》或者《慈悲藥師寶懺》，裡面很多講的佛陀弟子名字或三世諸佛名字，若不常接觸，就會很陌生。有些字串如「南無阿彌多婆夜 哆他伽哆夜 哆地夜他」或「南無薄伽伐帝。鞞殺社。窶嚕薜琉璃。」將梵文直接音譯，語意不明，簡直教人丈二金剛摸不著頭腦。甚至於《藥師懺》中出現「若有女人，欲轉女成男具丈夫相者。」也教人傻眼，死後還想轉女成男，大概只有印度重男輕女的社會，才會有這種想法。若照本宣科念下去，不求甚解，就變成佛學的書讀頭了。

其實從最接近佛陀說法的四《阿含經》，一路讀下去，我們不難發現佛陀的生活教育，雖然不像孔子《論語》那般簡潔、生動又有趣，但是內容極豐富，很多情節也非常近人情，不像前面提到的兩本經書爲超度人/亡魂而設，祈求諸佛的用語相對地生硬難解。佛陀生前也是人，更是很成功的教育家，爲讓比丘們知悉如何修行佛法，他舉了很多的例子，常常不厭其煩，反覆地解說。我們就從雞生蛋，母雞孵卵的過程說起。

他說母雞孵十到十二顆卵，隨時注意每一顆卵的狀態，無論外面氣溫怎麼樣變化，都細心呵護每一顆卵，讓它們得到溫暖。一天過一天，都是這樣。直到時間到了，才用口啄或以瓜刮，讓它的孩兒可以安隱地生出。所以比丘要學好戒、定、慧三學，就要像母雞孵卵一般，無論時節如何變化，仍然呵護備至，如此則智由心生，自然不起諸漏（種種煩惱），人也獲得解脫。8

同樣在《雜阿含經》，佛陀告訴比丘，嬰兒小的時候，給他哺乳的母親，會隨時料理他應該知道的消息，讓他有一定的知識，也知道該走的方向。等到他長大了，智慧成就，足以獨當一面，哺乳的母親就可以放手，也不用一再說東道西，反覆叮嚀。因為母親已經給他足夠的能力，讓他長大後，自然地不放逸，也就是不至於不守規矩、放縱逸樂。佛陀繼續說，比丘們，你們剛開始從聲聞學進入佛學的大門，智慧當然還不充足。如來以佛法隨時教導你們，讓你們知道應該具有的知識和訊息。學了一段時間以後，智慧深固，如來就可以放手，不必再隨時慇懃教授。

末了佛陀還叮嚀，你們智慧成就有了，就不會不守規矩、放縱逸樂。也因此，聲聞五種學力，也就是信力、精進力、念力、定力、慧力，你們應該大體具備。但是要比得上如來，就要成就十種智力，也就是處非處智力、自業智力、靜慮解脫等持等至智力、根勝劣智力、種種勝解智力、種種界智力、遍趣行智力、宿住隨念智力、死生智力以及漏盡智力《瑜伽師地論．四十九卷》。坦白說，如來的十種智力，一般人要弄清楚已經很不容易，要做到其中任何一步，都需要下苦功。成就十種智力，幾乎是凡人遙不可及的目標，只能一步一步來，學多少算多少。若能有玄奘十分之一的毅力和智慧，就可以知足、偷笑了！9、10

我們不必當農夫，但要學佛陀耕心田

無論是那一種宗教，其神職人員必須不斷地精進神學，並清楚地傳達神的旨意，以滿足一般人靈性的需求。其生活所須，多依靠信徒奉獻、布施或供養。佛教自釋迦牟尼開始，除了中國百丈懷海禪師對禪宗進行了教規改革，制定《百丈清規》，倡導「一日不作，一日不食」，把佛教僧侶托缽乞食的傳統改爲中國式的自食其力，很多南傳佛教的僧侶，仍舊依循傳統，托缽乞食維生。除了前述理由，其最重要的原因在不忍殺生，即令昆蟲也不例外。在《中阿含經》，佛陀明告弟子要「離殺．斷殺。棄捨刀杖。有慙有愧。有慈悲心。饒益一切乃至蜫（昆）蟲。」[11]

佛陀的舉動不免引起外道人士的質疑，自己四體不勤，只顧想到不殺生，卻教別人幹活，其中還免不了會殺生！有位名字叫做耕田婆羅豆婆遮的婆羅門，在佛陀到他村莊乞食的時候，故意責問佛陀：「瞿曇（佛陀的名字）！我今耕田下種，以供飲食，沙門瞿曇亦應耕田下種，以供飲食。」佛告婆羅門：「我亦耕田下種，以供飲食。」婆羅門回話：我從來都沒有看過你們使用犁、軛、鞅、縻、鑱、鞭等耕耘的農具，還辯說你們也耕田！

畢竟世尊（即佛陀）道高一尺，以一段偈（頌詞）回答：

「信心爲種子，苦行爲時雨，
智慧爲犁軛，慚愧心爲轅，
正念自守護，是則善御者。
包藏身口業，如食處內藏，
眞實爲眞乘，樂住無懈怠，
精進無廢荒，安隱而速進。
直往不轉還，得到無憂處。
如是耕田者，逮得甘露果；
如是耕田者，不還受諸有。」

這一段詞雖然是文言文，語意直接、清楚，耕田婆羅豆婆遮婆羅門聽了，非常佩服，忙說：「善耕田！瞿曇！極善耕田！瞿曇！」12佛陀能將耕心田的重要性，表達得一清二楚，讓人一眼看出它凌駕在一般農夫耕田之上，實在是高招！

講到耕田，就不免想到小時候農村必備的手搖鼓風機（又名風鼓，如圖8.1），稻穀收割曬乾後，透過鼓風機將虛殼吹除。此機須有兩人操作，一人將稻穀倒入鼓風機上方方形漏斗中，另一人用手搖方

（圖8.1）筆者於2019年3月9～10日到台東旅遊，在鹿野高台下的崑慈堂龍田文物館看到鼓風機（又名風鼓）。風鼓操作時，一人將稻穀倒入鼓風機上方方形漏斗中❶，另一人用手搖方式轉動風鼓❷，在稻穀倒入後漏下來同時，風也扇起來，把稻穀往前吹，比較重、帶有米粒的稻穀會落在近端出口❸，比較輕的會從比較遠的出口吹走❹。

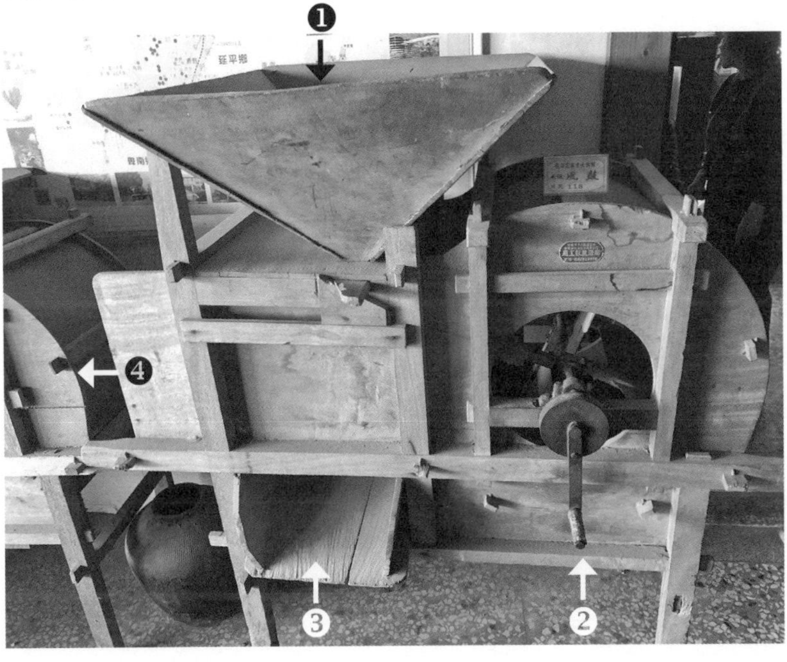

式轉動風鼓，在稻穀倒入後漏下來同時，風也扇起來，把稻穀往前吹，比較重、帶有米粒的稻穀會落在近端出口承接的麻袋內，沒有米粒的虛殼則吹向較遠的出口麻袋內。有米粒的稻穀碾成米供人食用，虛殼則作為養殖雞、鴨、鵝等家畜的飼料。佛陀對這流程也很熟悉，在《中阿含經》裡，佛陀對居家修行的人說，修行要實實在在，就像「成實者」，也就是像帶有米粒的稻穀，穩重又定力十足，不要像虛殼一般隨風飄揚遠去。13

畢竟民以食為天，塡飽肚子的主食：稻米或小麥，以及其他五穀雜糧，還是維繫生命所必須，不是塡滿心靈就可以取代得了。但是飽食終日，言不及義，甚至於飽食思淫慾，則非聖人所樂見。這時就要耕心田。就像五穀雜糧是主要作物，《雜阿含經》記載的三十七道品，是通達無上菩提所必修，也就是佛教徒最重要的精神食糧，這包括：四念處、四正勤、四如意足、五根、五力、七覺支、八聖道。

四念處，亦稱四念住、四意止，為南傳上座部佛教和漢傳佛教《阿含經》的根本修行方法，也就是內觀。指從「身」體、感「受」、「心」、「法」四個面向，觀想心性，止於戒、定、慧。四正勤又名四意斷、四正斷、四正勝，指從精進力來斷除懈怠、障礙，做到：已生惡令永斷、未生惡令不生、未生善令得生、已生善令增長。

四如意足，又名四神足，係四種禪定，包括：欲為主得定，精進為主得定，心為主得定，思惟爲主得定。五根是眼、耳、鼻、舌、身，爲身體接觸物質，引起物欲的五種色根，也是五種無漏法的根基。五力是信、精進、念、定、慧，它們是破惡成善的五道力量。七覺支中的覺是智慧，支是分類，又名七菩提分、七覺分，是五根五力所顯現出來的七種覺悟，包括：念覺支、擇法覺支、精進覺支、喜覺支、輕安覺支、定覺支、行捨覺支。八聖道即八正道，包括：正見、正志、正語、正業、正命、正方便、正念、正定。

如果各位嫌三十七道品太囉嗦、太八股，有沒有簡單一點的入門款？針對這點，我們不能不欽佩佛陀的智慧。佛陀說法四十九年，這段漫長的時間，會來挑釁的外道和三教九流，絡繹不絕，佛陀要擺平他們，還能勸人爲善，相信佛法，各種點子都使得出來，精彩的程度，一點都不遜於孫悟空的七十二變！

百善孝爲先，倫常也掛帥

佛教傳入中國，立即生根發芽，融入傳統文化及生活習性，究其原因，除了塡補孔老夫子不事鬼神，使得一般國人面對生死的課題，以及死後的世界，有了佛陀加持，心神得以寧靜；佛教重視孝道和倫理，也是非常重要的推手。

在《增一阿含經》，世尊告訴衆比丘們，有二法給與凡夫人，可以得到大功德，成大果報，得甘露味，即：供養父母以及供養一生補處菩薩。14 一生補處菩薩指修行已經到諸漏（種種煩惱）盡除，只是等待機會成佛的菩薩。後者自然是道行非常高深，也造福無數衆人的菩薩。佛陀把供養父母以及供養一生補處菩薩，視爲成大果報，得甘露味的修行捷徑，足見他對孝道的重視。

在《長阿含經》，世尊告訴衆比丘們，要講論正義，如此則長幼和順。要念護心意，並且以孝敬爲首。要先人後己，不貪名利。要信於如來，才能得到至眞、正覺。也要知道慚愧以及自己的缺點。知錯能改，並增廣見聞。佛陀的這些話，大家一定覺得很眼熟，因爲和孔子的論語，一再強調怎麼做人，似乎如出一轍！可見英雄所見略同，只是孔子的對象是追隨他的學生，而佛陀則是追隨他的比丘們。

佛陀畢竟是佛祖，三句不離本行，接下來他又提到讓佛法不停地增長的七種方法，他稱之爲七不退法，何謂爲七？佛陀說：「一者敬佛，二者敬法，三者敬僧，四者敬戒，五者敬定，六者敬順父母，七者敬不放逸。如是七法，則法增長，無有損耗。」[15]由於這些話是針對比丘說的，當然佛、法、僧三寶排在前面，父母屈居第六。不過，敬順父母也是讓佛法不退，並不停地增長的方法，的確發人深省。在《巴利語佛經．增支部（一）》，佛陀將父母當成『梵天』、『往昔規範師』、『應受供養者』同義詞，因爲「父母對子女多有饒益、照顧、養育他們，教他們認識此世間。」[16]

在做人處世上，佛陀也不忘諄諄告誡年輕人。王舍城中有一名長者（也就是有錢人）的兒子，名字叫做善生，佛陀爲他不厭其煩地講道理，集結成爲《長阿含經》中佔據相當多篇幅的《善生經》，不克一一詳述。舉例來說，佛陀警告善生結交惡友會帶來六種後果：一是輕易墮落到欺善怕惡的行徑；二是好逸惡勞，行事不光明磊落；三是勾引他人，共謀不軌；四是圖謀他人財物；五是利慾薰心；六是搬弄是非。這一路發展下去，家產必定逐漸減損，甚至於敗光。除了交惡友，其他包括酗酒、賭博、放蕩、縱情聲色場所以及懶惰，都可以敗光家產！

讀者一定很好奇，佛陀不是已經出家了，怎麼還在乎有錢人家的家產敗不敗光？我先前在念這些經書的時候，也不免納悶，繼而想一想，我們都把佛陀神仙化了，可以不食人間煙火。其實，佛陀生前也是人，也曾經有七情六慾，每天也和我們一般人一樣，要張羅飲食。前面提到耕田婆羅豆婆遮婆羅門嘲諷他不事生產的故事，充分反映他也要面對的日常生活瑣事。有錢人家的布施，使他生活有所依靠，當然是非常重要的一環。

佛陀是懂得感恩圖報的人！所以在《長阿含經．遊行經》，我們又看到佛陀的告誡：「凡人持戒，有功德。何謂為五：一者諸有所求，輒得如願；二者所有財產，增益無損；三者所往之處，衆人敬愛；四者好名善譽，周聞天下；五者身壞命終，必生天上。」看來，凡人持戒既可以讓所求如願，又可以財產增益無損，還有好名聲，死後更可以升天，何樂而不為！若不仔細研讀，還會以為佛陀偏向市儈，其實進一步想一想，凡人持戒，就不會花天酒地，縱慾橫流，更不可能賭博敗光家產，真的可以一舉數得！

非常有意思的是，在《長阿含經．轉輪聖王修行經》，佛陀提到：「國有孤老，當拯給之；貧窮困劣，有來取者，慎勿違逆；國有舊法，汝勿改易。此是轉輪聖王所修行法，汝當奉行。」這幾句話，很容易讓人想到孔子在《禮記．禮運篇》所提到的：「故人不獨親其親，不獨子其子，使老有所終，壯有所用，幼有所長，矜寡孤獨廢疾者，皆有所養。」這種博愛的理念，其實貫穿儒釋道，又再次應了「英雄所見略同」的至理名言。

神足示現，讓意念飛行

一般人禮佛，多傾向於把佛陀當作神來膜拜。既然是神，就要有神話或神蹟。佛教的神話故事還不少。大家比較耳熟能詳的，包括佛陀本人割肉餵鷹，以及其神通第一弟子目犍連（簡稱目連）救母的故事。這些故事的本質都是出於愛心，目的在勸人爲善，當然歷久彌堅。

從佛陀入滅後的第一手資料《雜阿含經・第197經》，可以看到佛陀曾給比丘示範三種示現教化，分別是：神足變化示現，他心示現以及教誡示現。進行「神足示現」時，佛陀進入禪定狀態，然後升到東方天空，並展示行、住、坐、臥各種儀態而不失威德。身體發出種種火光，有青、黃、赤、白、紅、以及玻璃色。身體可以同時湧出水和火，有時身下出火，身上出水；有時身上出火，身下出水。佛陀也自在地遊走到北、西、南方天空。等衆比丘看傻了，佛陀又回到他們中間坐下來。佛陀鼓勵弟子努力修習禪定，才能無量神變，其身能瞬間行至梵天。「神足示現」也是佛教不可思議的六神通之一，六神通包括：天眼通、天耳通、他心通、宿命通、神足通、漏盡通。

非常有意思的是，在《達賴生死書》17中，達賴非常清楚地描述「臨終的視覺內容，其順向次序：海市蜃樓、煙、螢火蟲、油燈火燄、鮮明的白色心天、鮮明的紅橘色心天、鮮明的黑色心天、澄明。」，雖然場景很不一樣，這種臨終變化和佛陀的神足示現，有異曲同工之妙！

「他心示現」講白了，能知道他人心中在想什麼的神通，也就是將心比心，發揮到極致。能將他人心中所想，意念所至，神識所屬，應該做什麼想，不應該做什麼想，都能釐清，知所取捨，最終能得寂靜涅槃之樂。

「教誡示現」比較抽象，無論是色、眼識、眼觸，或者耳、鼻、舌、身、意識，甚至於生、老、病、死、憂、悲、惱、苦，所產生的苦或樂，都會讓人煎熬，像火一般在燃燒。當然，貪火燃燒、恚火燃燒、癡火燃燒，就比較容易理解。這些現象，總歸一句話，就是心火在燃燒！擁有大智慧者，才能撲滅心火。佛陀在「他心示現」或「教誡示現」，用的「魔法」就不像「神足示現」這麼神奇，相對地，比較貼近庶民可以做到的佛法。

佛陀承襲古印度的神話，加以包裝應用在講課上，讓他的學生們比較容易聽得進去。其中，對地獄的描述，令人聽了毛骨悚然。在《長阿含經．地獄品》，佛告訴比丘，無間大地獄有十六小獄，周匝圍遶，各各縱廣五百由旬（大約八千公里）。為什麼叫做無間地獄？因爲獄卒捉到犯罪的人，就把他們的皮從腳到頭剝下，還纏繞到罪人身上。坐在火燒的車上，一身滾燙，如此反覆煎熬，身體碎爛，皮肉墮落。其苦痛辛酸，彷彿萬毒並至。更可怕的是，只要餘罪未畢，折磨就不會終止，所以叫做無間地獄。

有地獄，當然就有天堂。印度教的宇宙觀認爲，須彌山乃最高的神山，日月之所圍繞停泊，印度衆神的居所。以須彌山爲中心，上自色界初禪，下至地底下的風輪，其間包括四大洲、日、月、欲界六天及色界梵天等爲一小世界。一千個小世界，名一小千世界。一千個小千世界，爲一中千世界。集一千中千世界，上覆蓋四禪九天，爲一大千世界。須彌山的四面有四洲，即南閻浮提，東毘提訶，西瞿陀尼，北拘羅洲。四洲中的閻浮提，是印度人對於印度的自稱。在佛經中，這些名稱會不時出現，佛陀時代的印度人，熟悉他們，就像中國正統道教神系裡，崑崙山、瑤池、西王母，乃至於天庭裡的最高指揮官——玉皇大帝等，都是我們耳熟能詳的神話人物和世界一樣！

前面提到的轉輪聖王，在古印度神話中，就已經存在。他們認爲當世界統一時，天上將會出現一個旋轉金輪，作爲他統治權力的證明。擁有這個旋轉金輪的人，將成爲這個世界以及全宇宙的統治者，他將會以「慈悲」與「智慧」治理這個世界，開創轉輪聖朝。[18]佛教也將他納入。此外，未來佛彌勒菩薩，在《增壹阿含經》有詳細描述，彌勒菩薩「有三十二相、八十種好，莊嚴其身，身黃金色。爾時，人壽極長，無有諸患，皆壽八萬四千歲，女人年五百歲然後出適（嫁）。」[19]這般描述，看起來，非常令人神往。

話說回來，一般人沒有佛陀功力，即使進入禪定，能否神足示現，殆有疑慮。神話雖美，地獄雖然恐怖，只要不做虧心事，仍然可以讓自己無漏，讓意念飛行，海闊天空任我遨遊！

至道無極，瑕不掩瑜

前面講了一些大道理，也探討了一些修行的項目，無論講得多深、多廣，仍然只是蜻蜓點水，遠不足以涵蓋儒釋道信仰的全貌。千里之行，始於足下。說來說去，最基本的功夫，仍然在倫理道德的實踐。不過，會講道理的人，自己不一定是最好的楷模。根據林語堂的考據，至聖先師孔子本人及其後的兩代，他兒子及孫子，不是休妻，便是與妻子分居。[20]史書沒有載明原因。孔子在《大學》一書勉勵我們：「古之欲明明德於天下者，先治其國；欲治其國者，先齊其家。」看來儒家的祖師爺本身在齊家項目上，不怎麼成功，畢竟他是至聖先師，大家只能默默地接受。

佛教的祖師爺佛陀，相對地稍爲好一點。但是，爲追尋生命的眞諦，十九（另一說二十九）歲時不惜抛妻別子，度過艱困的歲月，後來成就佛教偉大事業。在離家出走的那一刻，我們無法知悉他心裡怎麼想。就一般人的觀念看，能忠孝兩全，最爲難得。若眞的做不到，往往用犧牲兒女私情來修飾這行爲。佛陀大公無私，忠孝不能兩全，弟子難免有樣學樣。

有一名字叫做郁伽的有錢人，是典型的花花公子，三妻四妾，成天飲酒作樂，排場像國王一樣鋪張。有一天，酩酊大醉，狂奔到樹林裡面，巧遇世尊，被佛陀感化，痛改前非，回家去遣散三妻四妾。要出家修行的，就跟著他走。不出家的，郁伽就點起鴛鴦譜，許配給別人。其原配大夫人，不得已，只好許身給她認識的一個人。郁伽把那個人找來，左手挽著大夫人，右手拿著金製的盥洗罐，對那人說，我現在起就把大夫人許配給你做妻子。只見那人如原著所描述「便大恐怖，身毛皆豎！」還一直說：「您這是要殺了我嗎？您這是要殺了我嗎？」郁伽安慰他說，他已經跟隨如來修行，奉行五戒，再也不回頭了。佛陀也稱許他的行爲。21

郁伽早先行爲確實離譜，其痛改前非，回頭是岸，列於佛經內，成爲教案，也確實有醒世的作用。但是像一代才子李叔同，在西湖上，硬是將日本留學時結識的妻子拋棄，頭再也沒有回的故事，淒迷又絕情，就相當令人扼腕、不解。畢竟大師自己說過：「不近人情，舉足盡是危機；不體物情，一生俱成夢境。」22我們不曉得弘一大師後半生如何圓這故事。也許除了他自己，這是一般人永遠無法理解的公案。

其實，佛經裡面，常人無法理解的事情還很多。有一次佛陀招集比丘，到仙人山側黑石室，去看瞿低迦比丘舉刀自殺，還和徒弟們問：你們看到瞿低迦比丘自殺死在地上了嗎？衆比丘當然看到，佛陀又繼續說，你們看到瞿低迦比身體周圍有黑煙升起嗎？那就是惡魔波旬不放過他，在他周圍徘徊，想要奪取他的神識，瞿低迦比丘毫不猶豫舉刀自殺。佛陀預示他因斷絕貪戀愛欲，會獲得果報，換取般涅槃。這段故事，非常耐人尋味。這樣的狀況，常人絕對會見死相救，不會坐視這人爲斷絕七情六慾，走上絕路。而自殺換取般涅槃，更是和常人理解的佛經，有非常大的出入！[23]

佛陀在世的年代，醫藥非常不發達。佛陀提出七覺意爲藥中之盛，衆病都可除愈。他說的七覺意，其實就是第三節提到的七覺支。不過，內容稍有出入，所以再提一次：念覺意、法覺意、精進覺意、喜覺意、猗覺意、定覺意、護覺意。[24]很多病是心因性的問題，七覺意也許會有幫助，但是說到衆病都可除愈，則言過其實了。

佛陀生病，《長阿含經》忠實記錄他全身都痛，也已經年過八十，就像一部老車，須要修理才堪用，也告訴弟子阿難，他將不久於人世，勉勵弟子好好地修法。[25]在《增一阿含經》，再度提到他已經年過八十，「爲病所逼」，「爲病所困」，還說了下偈：

「咄！此老病死，壞人極盛色，初時甚悅意，今爲死使逼。
雖當壽百歲，皆當歸於死，無免此患苦，盡當歸此道。」[26]

佛陀這麼人性化的陳述，到了倡導大乘的佛經，就被過度神化了。以第一章提到的《維摩詰經》爲例，在《弟子品第三》裡提到佛陀生病，阿難出去化緣牛奶，給佛陀吃，以便早日康復，被維摩居士碰到，教訓阿難一頓，說佛陀「如來身者金剛之體，諸惡已斷，衆善普會，當有何疾？當有何惱？」還說阿難若把佛陀生病的事傳出去，會給外道人士恥笑！27

前面章節曾提到《四十二章經》說：「飯惡人百，不如飯一善人；飯善人千，不如飯一持五戒者；……。」28如此有選擇性的布施，則和佛教普渡衆生的理念自相矛盾。倒是維摩居士說得好：「若施主等心施一最下乞人（即最窮困的乞丐），猶如如來福田之相，無所分別，等于大悲不求果報。是則名曰具足法施。」27可見即使像《維摩詰經》這樣的經典，讓一般人容易接受或不容易接受的內容，可以同時並存。

當然，翻閱佛經，諸如此類不甚合乎常理的地方還不少，有些大儒就難免對佛教有意見。根據林語堂的說法，梁漱溟教授本來是一位佛教徒，隱棲山林間，與塵界相隔絕；後來卻恢復孔子哲學的思想，重新結婚，組織家庭，便跑到山東埋頭從事鄉村教育工作。29南懷瑾先生也說過：「清朝的大儒顧亭林，在日知錄上就講，叫一般學生不要看佛經，佛經沒有什麼看的，這個東西就是一桶水，一個是滿的，一個是空桶，一下倒過來，一下倒過去，倒來倒去就是這麼一桶水。」他還引述一句俗話說：「學佛一年，佛在眼前，學佛兩年，佛在大殿，學佛三年，佛在西天。」30

信仰這問題，貴在用心體會，而不在鑽營，更不能妄想從師父手下加持，就可以證得佛果，否則那一桶水永遠塡不了乾涸的心靈，反而成了顧大儒嘲諷的對象，而佛永遠在遙遠的西天。就如同《六祖壇經》記載，惠能辭別恩師五祖弘忍時所言：「迷時師度，悟了自度。」或如同第二章佛學家理察德貢布里所說：「我有太多無明煩惱需要去除，我需要佛陀的智慧。」無論是佛陀或孔子、老子、莊子，縱然不甚完美，他們仍然是我們迷時可以度化我們最好的心靈導師；他們的話，永遠是我們人生最佳的指南針。

從《華嚴經》概括而來的一句經文說得好：「不忘初心，方得始終；初心易得，始終難守」能不忘初心，堅持倫理及善行到底，才是儒釋道之子信仰的終極目標！

第八章參考文獻：

1.《成就的密訣：金剛經》，星雲大師著，有鹿文化事業有限公司出版，二〇一七年十月十六日，初版58刷。

2. 維摩詰所說經第1卷｜CBETA漢文大藏經，CBETA電子佛典集成»大正藏（T）»第14冊»No.0475»第1卷。佛國品第一。

3.《佛光教科書三－菩薩行證》，佛光星雲編著，佛光文化事業有限公司出版，一九九九年十月初版。

4.《雜阿含經》CBETA電子版，版本記錄：1.3，完成日期2002/11/04；發行單位：中華電子佛典協會（CBETA）cbeta@ccbs.ntu.edu.tw；資料底本：大正新脩大正藏經 Vol. 2, No. 099

5.《道德經全書》，司馬志編，華志文化事業有限公司出版，二〇一六年八月，初版3刷。

6.《死，打碎我們，還是打開我們？——生死交界六代送行者，最眞摯的心靈告解與生命體悟》，卡利伯・懷爾德（Caleb Wilde）著，駱香潔譯，城邦文化事業股份有限公司－商業周刊出版發行，二〇一八年5月，初版1刷。

7.《愛因斯坦傳》（ALBERT EINSTEIN），克拉克（Ronald W. Clark）著，張時譯，天人出版社印刷・出版・發行，國際文化事業有限公司總經銷，出版日期未註明，筆者一九七五年購入。

8. 原典在《雜阿含經》八二七經。

9. 原典在《雜阿含經》六八五經。

10.《雜阿含經》，星雲大師總監修、吳平釋譯，佛光文化事業有限公司出版，二〇一七年十月，再版12刷。

11. 原典在《中阿含經》大品優婆塞經第十二（第三念誦）

12. 原典在《雜阿含經》九十八經。

13. 原典在《中阿含經》一二二經・大品瞻波經第六（第三念誦）

14. 原典在《增壹阿含經》卷第十一・善知識品第二十。

15. 《長阿含經》，星雲大師總監修、陳永革釋譯，佛光文化事業有限公司出版，二〇一五年十月，再版8刷。
16. 《巴利語佛經譯注：增支部（一）》，關則富譯注，聯經出版事業股份有限公司出版二〇一六年11月初版。
17. 《達賴生死書》（Advice on Dying: And Living a Better Life），達賴喇嘛著作，傑佛瑞・霍普金斯（Jeffrey Hopkins, Ph.D.）英文編譯，丁乃竺翻譯成中文，天下雜誌股份有限公司出版，二〇一七年一月九日，二版3刷。
18. 《轉輪王》，參考維基百科，頁面最後修訂於二〇一九年一月二十日，14：14
19. 原典在《增壹阿含經》卷第四十四，十不善品第四十八。
20. 《孔子的智慧》，林語堂著，德華出版社出版，民國七十年四月初版。
21. 原典在《中阿含經》三八經．未曾有法品郁伽長者經第七（初一日誦）。
22. 《李叔同說佛》，李叔同著，八方出版股份有限公司出版，二〇一〇年六月，初版4刷。
23. 原典在《雜阿含經》一〇九一經．八眾誦第五。
24. 原典在《增壹阿含經》卷第三十三，二等法品第三十九。
25. 原典在《長阿含經》遊行經之一。
26. 原典在《增壹阿含經》卷第十八．四意斷品第二十六之一。
27. 《維摩詰經》，星雲大師總監修、賴永海釋譯，佛光文化事業有限公司出版，二〇一六年12月，再版13刷。
28. 《佛光教科書一：佛法僧三寶》，佛光星雲編著，佛光文化事業有限公司出版，一九九九年十月初版。
29. 《老子的智慧》，林語堂著，德華出版社出版，民國七十一年一月初版。

30.《金剛經說什麼？》，南懷瑾先生講述，老古文化事業股份有限公司出版，一九九二年八月臺灣初版；二〇一七年三月，臺灣二版38刷。

第九章

心領神會儒釋道，樂天知命故不憂

佛教經典至少爲中國增加了三萬五千個詞彙。讀孔子、老子、莊子等撰述的幾本書，不僅量相對少，沒有文化隔閡，義理也清楚，讀者很容易抓住這幾位古聖先賢的旨意。但是，跳到佛經的世界裡，就像從充滿山水意境的小溪，一下子縱身到看似毫無邊際的大海，沒有被「經海」淹沒已經是萬幸！我們必須「心領神會」佛陀旨意，這一句話表示心領悟後，「神」已經和悟道者會首了！

凡人須知儒釋道信仰提供選擇題，選擇非關「西方」，但求悟道、心安！若要這樣圓這一生，就必須「煩惱無邊誓願斷，法門無盡誓願學」，學佛陀勤耕心田，並遵行孝道，注重倫理，不必臣服於感官的統治。

說文解字解經書，心領神會儒釋道

《說文解字》是中國東漢時期學者許慎編著的一部文字工具書，全書共分五百四十個部首，收字九千三百五十三個，是中國現存最早的字典[1]，也是早年讀書人最重要的工具書。「說文解字」這四個字，後來引申爲依字索義的意思。接受傳統中國教育的讀書人，研讀過儒家精簡的《論語》或《孟子》，兼習老子的《道德經》或《莊子》。這些聖典多言簡意賅、要言不煩。應用「說文解字」讀這幾位古聖先賢的書，除了文言文的語法，須要轉成白話文，方便解讀，一般說來，翻閱過程還算順暢。但是跳到佛經的世界裡，就像從充滿山水意境的小溪，一下子縱身到看似毫無邊際的大海，沒有被淹沒已經是萬幸，如果能沉浸於經義裡，甚至游刃有餘於經海中，就非常難得了。

就如同本書第四章梁啓超的說法，自從佛教傳入中國以後，由於佛經的翻譯，至少爲中國增加了三萬五千個詞彙。此外，還有玄奘訂下的五不翻譯原則，讓保留的梵文，更原汁原味，雖然更增添印度風味，但是要深入理解佛祖的原意，眞的要費思量了。很多時候「說文解字」讀經書，還不一定讀得下去！

還好，地大物博、人才濟濟的中國，就有那麼一個偉大的人物，可以不識字，卻能破解佛經的要旨，他就是六祖惠能。在五祖弘忍驚見這位弟子才華的時候，半夜三更約他到房間，以袈裟遮圍，不讓人看見。五祖為他解說金剛經，講到「應無所住而生其心」，其意思是應該沒有執著想不通的地方導致煩惱滋生，惠能早已經徹悟，所以接著對五祖說：「一切萬法不離自性」接著又連說五句解釋自性的話：「何期自性本自清淨，何期自性本不生滅，何期自性本自具足，何期自性本無動搖，何期自性能生萬法。」

有如此才華的弟子，五祖弘忍當下就把衣缽傳給惠能。後續的故事，筆者已於第柒章第三節這個章節裡提過了。如果要從千萬冊佛經找出一句話，可以概括佛祖的旨意，筆者認為「一切萬法不離自性」，應該當之無愧。但是，「自性」是什麼？它是《華嚴經》講的：「初心」嗎？如此再推論下去，「初心」又是什麼？是那顆清淨又有智慧，能生萬法的心嗎？

惠能才華洋溢，他說：「凡夫即佛！前念迷即凡夫，後念悟即佛。」所以凡夫與佛的差異，就在迷與悟。迷就是指迷失了「自性」或「初心」，找回「自性」、或找到「初心」，就可以「見性成佛」。看起來似乎很容易，其實這是典型的「知易行難」！

不識字的惠能「心領神會」佛經的功力一流，所謂「心領神會」，就是不必經由文字或語言的表達，心裡便已明白。「心領神會」是漢字裡，非常有意思的成語。唐朝田穎在《遊雁蕩山記》中，提到：「將午，始到古寺，老僧清高延坐禪房，與之辯論心性切實之學，彼已心領神會。」明朝吳海在《送傅德謙還臨川序》中，提到：「讀書有得，冥然感於中，心領神會，端坐若失。」[2]《紅樓夢》第六四回記載：「只有二姐兒也十分有意，但只是眼目衆多，無從下手。賈璉又怕賈珍吃醋，不敢輕動，只好二人心領神會而已。」

「心領神會」在上述《紅樓夢》的記載，有心心相印但心照不宣的意思。田穎的說法，則有八分心知肚明的涵意。至於吳海提到的「心領神會」，已經是心有靈犀一點通後，感慨萬千，嗒然若失。筆者認爲「心領神會」是成語中最佛性或神性的一句話，表示心領悟後，神識即會意。更平鋪直敘的說法是，心已經找到「自性」，人已經有「佛性」，也就是一般人講的「神」已經和悟道者會首了！

在佛學，「心領神會」的差異，不僅在「頓悟」與「漸悟」的分別，也在追隨佛陀的那一顆心，想的究竟是什麼！無論「頓悟」或「漸悟」，只要能得般若智慧，彼此之間只有時間差而已。但是，身爲儒釋道之子，修行或學習的目標，隨人心願不同，就有天壤之別。雖然領悟之道可以「不立文字」，也可以「教外別傳」，但是，做爲儒釋道之子，我們終究要訴諸文字說清楚。惠能「頓悟」間「心領神會」佛陀的旨意，凡夫如筆者只能一路走來「漸悟」後，將儒釋道體驗的心得，漸進式地和大家分享，期盼大家能如《易經》「繫辭上傳第四章」中所言：「樂天知命，故不憂。」

儒釋道信仰提供選擇題，選擇非關「西方」但求心安

「吾道一以貫之」《論語．里仁篇》是孔子對曾子說的話，相信讀過論語的人都知道，孔子說的「道」是他對於倫理道德的實踐。信仰這個問題，可以像孔子說的「道」，一以貫之嗎？對於部分人，也許可以。這些人就是事事都堅定不移地託付給神明或天主的信徒，無論順境或逆境，深信都是神明或天主做的決定，毫無怨言。當然，生死大事更不例外，能到天國或西方極樂世界，成為唯一選項。這些人其實是最快樂的地球子民，因為連天塌下來都不必杞人憂天。

一般人就像惠能所說：「不識身中淨土，願東願西。」煩惱自然滋生。生離死別，絕對是其中最惱人的大事，也是宗教存在的最根本理由。惠能說得好：「大小二乘，十二部經，皆因人置。若無世人，一切萬法，本自不有。」[3]既然有大小二乘，又有那麼多部經書，因人設置，篤信佛教的人，理應很幸福才對。的確，堅信凡事遇到困難，念「阿彌陀佛」可以得到庇佑，並在死亡過程不停地念《佛說阿彌陀經》，就可以往生西方極樂世界的信徒，因心無旁鶩，的確會非常快樂的。

但是往生的過程，固然複雜；往生的目標，也不像一般人想像那麼單純。不曉得是佛陀比較雞婆或者比較仁慈，還是看到弟子修行的認眞程度與功力有相當大的差別，他不像其他宗教，以天堂和地獄，簡單的二分法，概括所有人身後的去處。他稟承印度傳統複雜的天人思維，將人死後的可能去處分級，其細節在前面章節已經提過。這樣地按個人造作及修行分級，就像老師按照學生表現打成績，有相當激勵的作用。

只是佛教的修行分級，不像零到一百分之間的數字，那麼單純。四阿含經，已經是最接近佛陀原意的經書，但是，一些繁複的修行，如《長阿含經．十上經》，佛陀從一法講到十法，每一法又有惡趣或善趣之別，單看每一項目，就足以令人目不暇給，遑論一一遵行。也許佛陀弟子道行比較高深，能抓住佛陀旨意。像我們這般凡夫俗子，就要選擇簡易執行的佛法而棲，免得迷失在路上。想「見性成佛」，到底有沒有捷徑？

這又要回到惠能的說法：「使君心地但無不善，西方去此不遙。若懷不善之心，念佛往生難到。」或更簡單地說：「常行十善，天堂便至。」惠能講的「無不善」或「十善」，要怎麼做？先說韋刺史和惠能的故事，才好更深入。韋刺史是惠能的好友，他問惠能很多問題，剛好都是一般人的疑惑，惠能都能一一拆解，令人讀後不禁讚嘆不已！譬如，他問梁武帝一生造寺度僧，布施設齋，為什麼達摩祖師說他沒有功德？惠能解釋說造寺度僧，布施設齋，其實是求福，不可以將求福講成功德。所謂功德，應該是心念無滯礙，常見本性，而且還能眞實妙用才算。

當然，惠能否認西方極樂世界，在極遠的西方的說法。他引用世尊在舍衛城中講的話，說：「西方引化經文，分明去此不遠。」如果以爲它有十萬八千里之遙，那其實是「身中十惡八邪」。末了，他又幽默地講了一句：「東方人造罪，念佛求生西方；西方人造罪，念佛求生何國？」簡單幾句話，就解答了一般人心中「西方極樂世界在遙遠的西方」的錯誤想法。

回過頭來再談惠能講的「十善」，在《六祖壇經》裡，惠能並未明說「十善」是什麼，按照一般佛教標準，遠離殺生、偷盜、邪淫、妄語（說謊）、兩舌（挑撥）、惡口、綺語（花言巧語）、貪慾、瞋恚及愚痴等十種惡業，即爲十善。但是「十善」也可能和韋刺史的疑問相關，因爲韋刺史問他在家怎麼修行，他用簡短的偈（頌詞）回應：

心平何勞持戒，行直何用修禪。
恩則孝養父母，義則上下相憐。
讓則尊卑和睦，忍則眾惡無喧。

若能鑽木出火，淤泥定生紅蓮。
苦口的是良藥，逆耳必是忠言。
改過必生智慧，護短心內非賢。
日用常行饒益，成道非由施錢。
菩提只向心覓，何勞向外求玄。
聽說依此修行，天堂只在目前。4

從惠能談的在家修行法則，我們可以看它呼應前一章「百善孝爲先，倫常也掛帥」的說法。由此可見，「十善」也可以從身邊做起，包括心平、行直、孝順、相憐、和睦、忍讓、忠言、改過、饒益及法布施等十種善業。所以，眞正的修行，不在離群索居，或悶著頭念經，而是具體地做到做人該做的事！當然，由近至遠，這其中輕重緩急的選項，仍有賴各位動動腦筋。西方去此不遠，天堂只在眼前！

糊里糊塗終一生？還是心安理得圓一夢？

世人常用「南柯一夢」來形容榮華富貴像過眼雲煙，稍縱即逝。也用黃粱一夢，形容幻想破滅，如夢一般不切實際的感覺。無論如何，浮生若夢卻是多數人對人生短暫又難以掌控的無奈反應。在這所有夢境的背後，主控者是死神，因爲只有死亡可以終結所有人的一生，而且不分貧富貴賤。

但是，當那一刻來臨時，是「死而無憾」？還是「死有遺憾」？卻有天壤之別。除了個人的際遇、造作和環境因素，對於死亡的認知和準備工作，也在在影響個人及社會對這兩個極端境遇的判別。如果我們認同見多識廣的人的說法，則家族從事葬儀行業到他身上已經是第六代的卡利伯，對死亡的看法，就不難被各位接受。5

卡利伯提出死亡的十個信念，個人認爲値得一一詳述。首先，卡利伯提出死亡無法被馴服。死可以把我們打開，也可以打碎我們。只有打開心扉，接納死亡的人，才會有更多同理心，並體諒、包容和他人相處的空間。其次，若過度執著於天堂或來世，會使我們低估和忽略今生的價値，甚至於死的價値。應該讓死告訴我們當下的人生有多美好，並且心懷感恩。當然，死的聲音是寂靜，若能擁抱這種寂靜，就能夠接受死亡。

有時候，死亡與臨終是我們最接近天堂的時刻。活著的時候，不妨練習積極懷念，承認往生者從未真正離開他們所愛的人。最後，要深切認知死亡無法逃避，學會擁抱它是好好活著的關鍵要素。5

當然，生死學是一門多元且複雜的學問，除了佔據最大區塊的宗教信仰，還摻雜種族及傳統社會文化等等因素。多年前在筆者服務的高雄長庚醫院外科部，我曾邀請並聆聽過南華大學釋慧開教授談生死學，其高見不僅首度啓發我對生死學的認知，也足以讓醫師們發聾振聵。釋教授相信生命是可以永續經營的，其方法就是四個千萬：千萬不要錯過生命賞味期、千萬不要做生命的延畢生、千萬保持足夠體力和精神往生、千萬成立個人往生後援會。6、7

釋教授呼籲不要做生命的延畢生，指的當然是盡量不要用維生設備拖延已經毫無品質的生命。至於成立個人往生後援會，讓筆者想到荷蘭天主教神父盧雲說過的話：「我深信是這種喜樂—與他人共通的喜樂，隸屬於同一個人類大家庭的喜樂—讓我們能安然離世。」8盧雲神父的說法，也等於呼應釋教授成立個人往生後援會的說詞，意即要在親朋好友祝念下安然離世，勝過孑然一身以終。

相對於上述積極的做法，道教全眞派創始人王重陽對於死就比較淡然處之。王重陽五十八歲坐化，元朝追褒他爲重陽全眞開化眞君。臨終的時候，囑咐弟子勿哭，自己作頌說：「地肺重陽子，呼爲王害瘋。來時長日月，去後任東西。作伴雲和水，爲鄰虛與空。一靈眞性在，不與衆心同。」[9]此種對死的看法與做法，和千年前道教祖師爺莊子的行止，前後呼應，一貫地與日月雲水相伴。

總體說來，死亡不是被動的「坐以待斃」，它須要做功課，要主動去深入了解，也要積極接納可以接受的信念，並在那一刻來臨時，營造那氛圍。更重要的是，認同我們人類這個大家庭，不以個人生死，視同毀滅，而是生生不息的一部分。老子說得好：「天地所以能長且久者，以其不自生，故能長生。」《道德經．第七章天長地久》既然不自生，當然就不在乎個人的生死。

一旦信念牢固，不可動搖，就會像金剛一般鋼硬。在中國大乘佛教八宗裡面，密宗是相當特別的一支，它視宇宙萬象皆爲大日如來所顯現，表現其智德方面者稱爲金剛界，因爲如來內證的智德，其體堅固，不爲一切煩惱所破，猶如金剛寶石。反之，如來的理性存在於一切物質內，由大悲輔育，猶如胎兒在母體內孕育，亦如蓮花的種子蘊含在花中，故稱爲胎藏界。[10]筆者對這種剛柔並濟的說法和做法，非常認同。處理生命的問題，正是應該如此。

就每個人生命的唯一性，我們必須予以堅定的重視。我們感恩母親十月懷胎，孕育出這獨特的生命，我們應當學如來理性對待；在世時候，培養該有的智德，其體堅固如金剛，不爲一切煩惱所破，這包括我們離開這世界時從容且理性的做法。這樣做，不僅對得起父母的養育之恩，也才可以心安理得圓這一生，而不是糊里糊塗過一輩子！

煩惱無邊誓願斷，法門無盡誓願學

四弘誓願是修大乘佛法，行菩薩道的人，所發願達成的目標，其用辭雖稍有差異，擬表達的意思則一致。根據《六祖壇經》惠能的傳達，四弘誓願是：「衆生無邊誓願度，煩惱無邊誓願斷，法門無盡誓願學，無上佛道誓願成。」一般人若要追尋佛、法、僧三寶等級的大德，四弘誓願就要堅苦卓絕地去執行。對於像筆者這般凡夫，無論「衆生無邊誓願度」或者「無上佛道誓願成」，陳義都不免太高，就不必不自量力，一定要想法子發誓去完成，畢竟這是打算成爲菩薩或成爲佛的人必修的課！我們選修就好，能做多少算多少，末日審判時不會掛蛋，才方便交差。

倒是「煩惱無邊誓願斷，法門無盡誓願學」，就不能馬馬虎虎。先聖先賢教我們活到老學到老，雖然沒有教我們學什麼，不過，已過退休之齡的人，不要成爲他人的包袱，應該是第一要緊的事。煩惱像傳染病，煩惱多時必然怨聲載道、怨天尤人，搞得一家雞犬不寧。更甚者，流彈四射，街坊也不得安寧。孔子教我們要修身，然後才能齊家、治國，其修身重點在修心，修心重點在心平氣和，少惹事生非。

佛陀是幫人解決煩惱的第一把手，第三章提到《心經》裡的「無明」煩惱，只是開場白，佛經裡到處都有「煩惱」的影子，只是用的詞會隨境遇不同而有不同名稱。例如，在《增一阿含經》的序品，用「結使」代表「煩惱」，因為煩惱能繫縛人的心，像打結一樣，使人不能自在，因而產生苦果。11

當然，佛經中最常見用來代表煩惱的是「漏」字，在《長阿含經》的遊行經之一，佛陀就告訴比丘：「修智心淨，得等解脫，盡於三漏。」，三漏等於統收三界一切之煩惱，包括：一、欲漏，指欲界除無明外之一切煩惱。二、有漏，指色界、無色界除無明外一切之煩惱。三、無明漏，則涵蓋欲界、色界、無色界等三界之無明煩惱。12所有煩惱裡面，最難破解的就是無明煩惱，所以它貫穿三界。筆者在前面章節已經說明，但是讀者能否無「無明」，就看個人的修為了。

斷煩惱之道，也在「法門無盡誓願學」。老子在《道德經》第四十一章提到：「上士聞道，勤而行之；中士聞道，若存若亡；下士聞道，大笑之。」意思是，最上等的知識份子聞道後，勤快地實行；次等者，心存狐疑，不敢率然行之，故若有若無，虛與委蛇；再次等的人道行不高，搞不清楚狀況，也許認定是無稽之談，故大笑後置之不理。很詭異的是，他在後面又補上一句：「不笑不足以為道。」

老子遊戲人間，也戲弄大家，要透解他的說法，只有在佛學中找答案。佛陀告訴我們，解除「苦集滅道」四聖諦引起的「無明」之後，一般人才可以達到涅槃至樂的境地。若勤而行之可以達成，當然最好，但是「苦海無邊」、「學海無崖」，一般人無法全面透解佛法，只好學多少、算多少，也不必把自己逼得太緊，畢竟「不笑不足以爲道。」也許走在路上、心情放鬆瞬間就「頓悟」了！一旦「頓悟」，還會不大笑嗎？

南懷瑾先生提到：「佛到了八十歲，他老人家要請假走路了，請長假了……快涅槃了，這個時候，他告訴我們相反的四個字，常、樂、我、淨。」[13]和佛陀一貫地主張無常、無我和苦，似乎背道而馳。但就像金剛經上有句佛爲自己下的註解：「無所從來，亦無所去，故名如來。」要搞懂佛陀或老子講的話，不是照本宣科就過關，一定要融會貫通，才不會迷路。根據《大般涅槃經》的說法，「有常法故則有歸處，非是無常，若言如來是無常者，如來則非諸天及世人所歸依處。」[14]佛陀爲了讓大家有地方去，不必再處於生老病死的無常世界流轉，所以提出有「常」的說法，和人世間的「無常」有所區隔。死後若成佛，「樂、我、淨」也自然跟著來！

惠能是少數可以把佛經旨意融會貫通，並出神入化地講解經意的高手。有時，用字遣詞，不免玩世不恭。有僧人舉臥輪禪師的偈，來挑戰惠能，偈是這樣說：「臥輪有伎倆，能斷百思想；對境心不起，菩提日日長。」意思是臥輪有伎倆，所以可以斷百思想。無論外頭環境怎麼喧擾，他的心境都不受打擾，智慧還一天又一天地增長。惠能聽了，判斷臥輪禪師修行仍不夠徹底，心還是放不開，於是回話說：「惠能沒伎倆，不斷百思想；對境心數起，菩提作麼長？」15

對照臥輪和惠能兩位禪師的說詞，粗看似乎臥輪棋高一著，再仔細一想，不能不嘆服惠能。最妙的地方，在惠能不刻意鑽營伎倆，也不斷任何思想，更不在乎外在環境對自己的干擾，當然就不會去計較智慧增長了沒有？這是凡事放得開的高僧才做得到的境界！陶淵明有首《飲酒詩》，人人都能朗朗上口：「結廬在人境，而無車馬喧；問君何能爾，心遠地自偏。」看來陶淵明和惠能眞的是哥倆好，禪學功力了得，禪境更是心有靈犀一點通！

佛海無邊，學無止境。雖然慧根獨具的惠能，可以靠他人解讀經書，自成一家之言，且震古爍今。凡夫俗子仍不免需要一步一腳印，追隨古聖先賢的足跡，透析生命的意義，也許有一天有希望領略「不笑不足以爲道」的眞義。

百年樹人且樹心，開佛知見證菩提

「勝鬘夫人」是佛教的模範優婆夷，波斯匿王和末利王后唯一的掌上明珠，「勝鬘」之名，是由於波斯匿王沒有子嗣，祈求得女，全國歡喜，供獻美麗的花環而得，後來成爲阿踰闍國國王的王妃。勝鬘夫人重視兒童教育，凡是七歲以上兒童，定期召集進宮，授予教育，算得上是今日幼教的先驅。16這具佛教淵源的童年教育，在南傳佛教的國家像緬甸、泰國，還一直流傳到現在。

我國宋朝，曾規定欲入佛門出家的孩童，必先在寺中從事寺院雜役，並學習佛事法會，在這段時間稱爲「童行」。童行在經過國家考試經書內容，合格後由朝廷發給度牒，方可剃度爲僧。17

無論是現代的緬甸、泰國或宋朝時代的中國，都有兒童或青少年接受佛教的教育。在本書第五章第四節，提到二〇一八年七月，在泰國清萊省美塞縣發生的十二名少年足球隊隊員和教練艾卡波受困十八天，之後全數脫困的故事。當時媒體描述艾卡波幾乎就是上天派來保護那十二名少年的菩薩。艾卡波十歲出家，陶冶出完整的人格，能臨危不亂。他到底是否是特例，還是佛教納入幼教或國中小教育開的花、結的果，有待以佛教爲主要宗教，甚至於國教的國家，深入地探討。

國人常說：「十年樹木，百年樹人」。栽植樹木多要費心找適當的時機及地點，並給予適度的灌溉和施肥，還要預防病蟲害才可以。當然，也有很多野生的大樹，像上千年的檜木。是沒有人爲介入打擾、甚至於砍伐破壞下，得以茁壯並玉立千年。人是動物，除了要有培養植物不可避免的用心，還要面對動物不可避免的弱肉強食，並提防落入食物鏈的生存法則。生存競爭、優勝劣敗的環境下，就難免有人費盡心機，應用各種手段、方法，努力往上爬。好的一面，是促成文明的突飛猛進；壞的一面，是製造各種器械，甚至於武器害人，或讓人類陷入殘殺、安逸、墮落、偷懶的境地，不能自拔。

後者就落入莊子所說：「有機械者必有機事，有機事者必有機心，機心存乎胸中，則純白不備；純白不備，則神生不定；神生不定，則道不載。」《莊子．天地》在本書第三章，這段話已經直接翻譯成白話文，若讀者對前述莊子原文不清楚，可直接翻閱本書第三章第五節。人與人間，爲了生存，過更好的生活，處處充滿勾心鬥角、爾虞我詐，當然會有機事且有機心，心神也難以寧靜，更無法講大道理了。

不管信不信神，宗教信仰應該是一門學問，也是所有人早晚要面對的功課。以某一宗教例如佛教為國教的國家，相對地比較單純，負責教育的人，只要和該宗教的主要代表性人物，一起討論應該在那一個階段給該國兒童或青少年，灌輸正確的宗教觀念就可以，信不信由人。像台灣這樣宗教信仰開放的國度，筆者認為負責教育的人，如果要將宗教納入教育，就須要將比較重要的三大宗教：佛教（含道教、儒教）、基督教／天主教、以及伊斯蘭（回）教，他們的代表性法師／牧師／神父／阿訇，集合在一起，討論應該在那一個階段給我國兒童或青少年，灌輸正確的宗教認知。德國的做法就很積極，據報導，他們在中小學非常注重孩子對靈性的啟蒙，學校開設了各種信仰課供選修，包括基督教，佛教和道教在內的世界主要宗教。他們認為透過宗教對神靈的認識，可以啟發孩子們對精神和生命自由的思考。[18]

當然，主事者要有開放的心胸，以比較客觀的立場，介紹信仰該宗教的理由，不能有排斥其他宗教的說法和做法。信不信由人，而不帶任何強迫性。最重要的應該是，讓修過課的人，知道宗教信仰是怎麼一回事，不是臨終或六神無主時，把宗教當成救生衣，隨便套在身上。個人認為「心念無滯礙」，才是宗教信仰的普世價值。

由於旅行這行業是由信奉基督教／天主教為主的西方國家所帶動，幾乎大多數旅館都備有聖經，備旅客翻閱。雖然過去也可能有旅館備有佛教經典，多是某宗派人士提供，內容不免偏頗。筆者於二〇一九年三月九—十日到台東旅遊，住宿鹿鳴渡假酒店，意外看到房間內除了聖經外，還有《佛教聖典》一書（圖9.1）。大略翻閱一下，頗感驚豔，回來即主動和佛陀教育基金會聯繫，很快獲得贈送平裝版的《佛教聖典》。

這本出自日本僧人木津無庵氏，於一九二五年代表「新譯佛教聖典普及會」所發行《新譯佛教聖典》，在台灣則是由經釋會靖法師翻譯成中文版的《佛教聖典》。全書以白話文呈現，易讀易懂，就算是佛教門外漢，也很容易上手。筆者這本書，還有印順法師作的序，稱讚它「文字隨俗，而法義實本於經律；篇幅簡短，而內容則含蘊實多！」

全書分成四篇，第一篇「佛陀」，從佛陀的生命歷程，最後的教誨，講到永恆的佛陀；第二篇「教法」，則從因緣、人心、覺悟、煩惱，講到佛陀的救度衆生；第三篇「修道」，提出覺悟之道到實踐之道的修行方法；第四篇「道友」，從人的本分、出家生活、幸福家庭、女性生活，一路談到建立佛的國土。末了還有附註佛學術語，以及佛教通史等。

就以筆者非通曉絕大多數佛經的人來看，非常同意印順法師的話。雖然有不少重複的說法，本書多數章節引經據典，要言不煩。引人入勝的是，常見舉例說明佛經的要義，像多數讀者熟悉的「瞎子摸象」的故事就在其中。「瞎子摸象」在《大般涅槃經》《佛說長阿含經卷第十九．龍鳥品第五》都有記錄，尤其在《長阿含經》，佛陀藉由鏡面王考一考從未看見過大象的一群瞎子，從他們摸到不同部位，爭先恐後地描述他們印象中的大象。大家爭論完，鏡面王大笑，末了，做一偈說：「諸盲人群集，於此競諍訟；象身本一體，異相生是非！」佛陀拿這來比喻多數人，尤其是外道異學人士，對「四聖諦」體認有限，宛如「瞎子摸象」。

另外，就像日本在七世紀時，信州深山裡有棄老的傳說與紀錄，這本書也記錄佛教有棄老國的故事，這故事發生在一位即將被遺棄到荒郊野外的老人身上，他是國王一位大臣的父親，這位大臣不忍心遺棄老父，把他藏起來。剛好有惡魔出題要考國王和他的子民，若答錯則要毀掉這個國家。題目很多，其中包括大家熟知的怎麼爲大象秤重。在國人徬徨無解的時候，這位大臣的父親，發揮他的機智，一一幫大家解答，救了國人，國王爲報答他，就把這棄老的傳統習俗廢掉。

書中有趣的地方不少，但是有些說法，不見得每個人都苟同。例如引用《大般涅槃經》，說：「佛是一切人類的父母」，和我們認知佛陀要我們孝順自己的父母，就有分別。《法華經》提到佛陀弟子，都是如來之子[19]，說法就比較緩和，貼近國人常說的：「一日爲師，終身爲父。」再如書中引述《觀無量壽經》，說：「念佛名號的人，必定可以瞻禮到佛的形相」，也不盡然，在本書第捌章第一節中，我曾經提到星雲大師也難免因無法遇到佛陀的聖蹟，而感到失望。

儘管有些字句重複，有些地方帶有太重的神話色彩，整體而言，這本三百多頁的《佛教聖典》，是我見過最能集各佛經之長的書本，也最適合放在公共場合，供各行各業人士翻閱的佛教經典。雖然不一定能開佛之所有知見，讓讀者證得菩提，但是，只要肯下功夫，日積月累，像摸到完整的大象一般的佛陀旨意，遲早會證得！

（圖 9.1）筆者於 2019 年 3 月 9 日～10 日到台東旅遊，住宿鹿鳴渡假酒店，意外看到房間內除了聖經外，還有《佛教聖典》一書（左）。筆者事後獲得佛陀教育基金會贈送平裝版的《佛教聖典》（右）。

敬神不等於信神，善耕心田必有成！

日本禪學大師鈴木大拙曾引述法國浪漫主義作家雨果（Hugo）的說法：「升上到神那裡的方法，就降下到自己裡頭。」也引述中古世紀蘇格蘭哲學家聖維克多的理查的話說：「如果你要挖掘神的深層東西，那就挖掘你自己的靈的深處。」20

不管相信與否，每個人心中都有神的意象，但是每個人心中的神，不一定是同一個樣子。雨果或理查的神，可上可下，歸根於心的操作，比較接近禪宗的神，也才會被鈴木大拙所引用。另一方面，南懷瑾先生提到他的母親活一百歲，對觀世音菩薩的崇拜絲毫不曾懷疑，一輩子念「白衣觀音神咒」。在世局變動、大風浪中，她一切非常放心。「白衣咒」就是：

南無大慈大悲救苦救難廣大靈感觀世音菩薩摩訶薩。怛侄他，唵，伽囉伐哆，伽囉伐哆，伽訶伐哆，囉伽伐哆，囉伽伐哆，娑婆訶。天羅神，地羅神，人離難，難離身，一切災殃化為塵。南無摩訶般若波羅蜜。21

除了後面「天羅神，地羅神，人離難，難離身，一切災殃化為塵。」意義清晰，訴求明確；中間那一段「怛侄他，唵⋯⋯」咒語，一般人實在不知所云，南懷瑾先生的母親也應該不例外，但是無損於她對觀世音菩薩的信仰。這就是具堅定信仰者的意念，也就是堅信有可以膜拜、也會隨時保佑他（她）的神的信徒，普遍存有的想法。我和我的母親一樣，從小拜觀世音菩薩長大，但是舍弟的意外亡故，讓我們不再拜觀音，但是心中仍然敬神，這神就是釋迦牟尼本尊。

事實上，世人認知的神可以概分爲兩種：一是敬畏於宇宙包羅萬象，處處充滿人類智慧無法解開的謎團，所延伸出來的神的說法，這也就是愛因斯坦口中的史賓諾莎的神。22另一是大家所熟知的制定人世秩序，讓信徒膜拜、祈求保佑的神。23猶太教、基督教、伊斯蘭教等一神論者信仰的神，立場鮮明，當然是後者。相對地，儒釋道之子的信仰就跨越兩邊，很有彈性。一方面，在幫忙信徒解開種種生命現象的疑惑，另一方面，也提供保護傘，庇佑信徒。前者比較接近小乘／南傳佛教或禪宗的做法，後者則是大乘佛教興旺的根源。

本書第六章提到念誦「南無阿彌陀佛」六字來達到轉生西方極樂世界，源自於東晉時代的慧遠，和釋迦牟尼本尊無涉。不過，大多數信奉佛教的人，不想也不用那麼科學方式的考據，只要信念專一，能心安理得地過一生就好。像我們這般經過徹底地科學洗禮的人，前面章節提到的貢布里教授的說法和做法，是最可以遵循的模式。而六祖惠能的壇經和行誼，毫無疑問地，是最經得起科學驗證的宗教思維。兩者不僅要言不煩，少談佛教神話的一面，也對耕耘心田，提出極富見地又可行的方法。前面章節多已說過，無須贅述。

惠能即將滅度，交代徒弟們，一切從簡，不受人弔唁，也勿身著孝服，還一再重複地說：「自若無佛心，何處求眞佛？」既然是領悟佛陀教義最深刻的人，他也不忘在臨走前，比照佛陀教人善耕心田的說法和做法，提出一偈：「心地含諸種，普雨悉皆萌；頓悟華情已，菩提果自成。」24意思再明白不過了，我們的心田要能遍植佛的善良種子，一旦碰到及時雨的滋潤，一定很快抽枝發芽；瞬間領悟到佛的風華甘旨，智慧的果子自然結成！

慧照禪師說：「眞佛無形，眞道無體，眞法無相。」25法遵法師在其所著《滅苦之道》也說：「佛陀的大慈大悲不在於捨身飼虎或割肉喂鷹的神話故事，佛陀眞正的慈悲是將感官的無常、過患公諸於世，給衆生一個選擇的機會，不必再一味地臣服於感官的統治。」26耕耘心田固然不必執著於形體或法相，更無須震懾於飼虎或割肉喂鷹的神話故事，只要擇善固執，無畏於世事的無常，在無「無明」下，自然「心領神會儒釋道，樂天知命故不憂。」

第九章參考文獻：

1.《說文解字》，參考維基百科，本頁面最後修訂於二〇一九年二月二十五日，23：42
2. 成語典故出自 https：//chengyu.game2.tw/archives/26215 以及 https：//tw.18dao.net/ 成語詞典 / 心領神會
3. 原典出自《六祖壇經》般若品第二。
4. 原典出自《六祖壇經》疑問品第三。
5.《死，打碎我們，還是打開我們？——生死交界六代送行者，最眞摯的心靈告解與生命體悟》卡利伯・懷爾德（Caleb Wilde）著，駱香潔譯，城邦文化事業股份有限公司 - 商業周刊出版發行，2018 年 5 月，初版 1 刷。
6.《生命是一種連續函數》p.255—256，釋慧開著，香海文化事業有限公司出版，二〇一四年六月，初版 2 刷。
7. 慧開法師雙閣樓講座：從生命永續到生死自在，人間社記者薄培琦大樹報導，2016-11-10。
8.《最大的禮物——生與死的靈性關顧》（Our greatest gift: A meditation on dying and caring），盧雲（Henri J. M. Nouwen）著，余欣穎譯，校園書房出版社出版，二〇一四年三月初版。

9. 《中國道教發展史略》，南懷瑾先生著，復旦大學出版社有限公司出版發行，二〇一七年三月，二版3刷。

10. 《佛光教科書4：佛教史》，佛光星雲著，佛光山宗務委員會出版，一九九九年十月初版。

11. 《增一阿含經》，星雲大師總監修、耿敬釋譯，佛光文化事業有限公司出版，二〇一七年十月，再版9刷。

12. 《長阿含經》，星雲大師總監修、陳永革釋譯，佛光文化事業有限公司出版，二〇一五年十月，再版8刷。

13. 《金剛經說什麼?》，南懷瑾先生講述，老古文化事業股份有限公司出版，一九九二年八月臺灣初版；二〇一七年三月，臺灣二版38刷。

14. 《大般涅槃經—新校本》，北涼天竺三藏曇無讖 譯：瑞成書局出版，台中市雙十路一段4-33號，西元二〇一六年三月，一版1刷。

15. 原典出自《六祖壇經》機緣品第七。

16. 《佛光教科書3：菩薩行證》，佛光星雲編著，佛光文化事業有限公司出版，一九九九年十月初版。

17. 《佛光教科書4：佛教史》，佛光星雲著，佛光山宗務委員會出版，一九九九年十月初版。

18. 【德國教育】再富也要窮孩子，From GreatDaily, 2015-09-28，原文網址 https：//www.twgreatdaily.com

19. 《法華經》，星雲大師總監修、董群釋譯，佛光文化事業有限公司出版，二〇一七年十月，再版16刷。

20. 《鈴木大拙禪學入門》，鈴木大拙著作、林宏濤翻譯，商周出版/城邦文化事業股份有限公司，二〇一六年三月四日，初版5刷。

21. 南懷瑾先生談白衣觀音神咒—豆瓣，原文網址 https：//www.douban.com/group/topic/54093928/

22. 《愛因斯坦傳》（Einstein：The Life and Times），克拉克（Ronald W. Clark）著，張時譯，天人出版社印刷出版發行，國際文化事業有限公司總經銷。出版日期未註明，筆者一九七五年購入。

23. 《21世紀的21堂課》，哈拉瑞著，林俊宏譯，遠見天下文化出版股份有限公司，二〇一九年一月十八日，一版6刷。

24. 原典出自《六祖壇經》付囑品第十。

25. 原典出自《鎮州臨濟慧照禪師語錄》。

26. 《滅苦之道》，法導法師著，原文網址 https：//emilykueming.wordpress.com/2008/07/23/『滅苦之道』，Posted on 二〇〇八年七月二十三日 by emilykueming。

觀成長 28

心領神會　儒釋道之子的信仰體驗

作　　者—莊錦豪
視覺設計—徐思文
主　　編—林憶純
行銷企劃—林舜婷

第五編輯部總監－梁芳春
董 事 長－趙政岷
出 版 者－時報文化出版企業股份有限公司
10803　臺北市和平西路 3 段 240 號 7 樓
發行專線－（02）2306-6842
讀者服務專線－ 0800-231-705．(02)2304-7103
讀者服務傳真－ (02)2304-6858
郵撥－ 19344724　時報文化出版公司
信箱－臺北郵政 79~99 信箱
時報悅讀網－ http://www.readingtimes.com.tw
法律顧問－理律法律事務所 陳長文律師、李念祖律師
印　　刷－勁達印刷股份有限公司
初版一刷－ 2019 年 11 月 15 日
定　　價－新臺幣 320 元

時報文化出版公司成立於一九七五年，
並於一九九九年股票上櫃公開發行，於二〇〇八年脫離中時集團非屬旺中，以「尊重智慧與創意的文化事業」為信念。

心領神會：儒釋道之子的信仰體驗／莊錦豪作．--初版．— 臺北市：時報文化，2019.11

248面；14.8*21公分

ISBN 978-957-13-7934-0（平裝）

1.儒家 2.佛教 3.道教 4.信仰

121.2 108013884

ISBN 978-957-13-7934-0
Printed in Taiwan